기초성경공부

Basic Bible Doctrine

[1권]

김경환 목사 지음

BBCI

들어가는 말

지금까지 한국 교회에는 미국 바이블 빌리버 침례교회에서 양육을 받고 안수받아 사역을 하는 목회자가 없었기 때문에 성도들이 체계적으로 성경적 기초 교리를 공부할 수 있는 교재가 부재했다. 필자가 뉴햄프셔에 있는 바이블 빌리버 침례교회에서 파송받아 엘에이에 와서 한인들 중심으로 교회를 시작했을 때, 가장 시급한 것이 기초 교리 공부를 가르치는 것이었다. 은혜복음으로 구령한 성도들이 전에 다녔던 교회들에서 많은 잘못된 교리와 위험한 이단 교리의 누룩들에 젖어 있었기 때문에 기초부터 다시 쌓지 않으면 순수한 믿음을 갖고 영적 성장을 이룰 수 없었기 때문이다.

교리 공부는 처음 구원받은 성도에게 가장 중요하다. 그 이유는 수많은 사탄의 종들이 거짓 교리들을 가르치기 때문에 성경 지식이 없으면 구원받자마자 마귀의 미혹에 빠져 제대로 주님을 섬길 수 없을 뿐 아니라 마귀의 일을 성령의 역사라고 착각하고 열심히 하다가 파멸에 이르기 때문이다.

이 책은 구원받은 첫 주부터 한 장씩 순서적으로 배워 나가면 시간이 지남에 따라 알맞은 수준과 주제로, 쉽게 읽으며 공부할 수 있도록 짜여져 있다.

한 장씩 공부한 내용들을 겸손한 마음으로 순종하고 믿음으로 실천하다 보면 어느덧 영적으로 무장되어 훌륭한 그리스도의 군사로서 영적 전쟁에서 승리하는 자신을 발견할 것이다. 건물을 지을 때 가장 중요한 것이 기초를 단단히 쌓는 것이다. 이 책을 읽는 독자들은 하나님 말씀의 기초부터 차근히 공부해 앞으로 믿음생활을 할 때 어떠한 풍파가 오더라도 쓰러지지 않고 주님 만날 때까지 우뚝 서 있기를 바란다.

이 책을 모든 구원받은 성도들께 바친다.

2024년 1월
BBCI
담임목사 김경환

Contents

* 본 저서에 인용된 구절은 <한글킹제임스성경>입니다.

1
구원

성경을 모르는 사람들은 '내가 왜 구원을 받아야 하는가' 라고 물을 것이다. 이런 질문을 하는 이유는 죽음이 끝이 아니고 그 뒤에 심판이 있다는 사실을 모르기 때문이다. 그리스도인들이 일요일에 교회에 나가 하나님께 경배 드리는 것이 이들에게는 어리석게 보이는 일이다.

모든 사람이 언젠가 죽는다는 것이 명백한 사실인데도 이들은 죽음이 자신과는 상관이 없는 것처럼 사는 어리석은 자들이다. 인간은 누구나 죽는다. 죽은 후 몸은 흙으로 가지만 그 혼은 심판을 받게 된다. 『한 번 죽는 것은 사람들에게 정해진 것이고 그 뒤에 심판이 정해진 것같이』 (히 9:27).

혼은 사람의 지성, 감정, 의지를 관장하는 기관으로, 우리로 하여금 생각하고, 느끼며, 행할 수 있게 한다. 이 혼은 물질이 아니어서 심판의 장소인 지옥 불 속에서 영원히 타며 고통을 받기 때문에 모든 인간은 반드시 구원을 받아야 한다.

롬 6:23 『이는 죄의 삯은 사망이요, 하나님의 선물은 예수 그리스도 우리 주로 말미암은 영원한 생명이기 때문이라.』

롬 5:12 『이런 연유로 한 사람에 의하여 죄가 세상으로 들어오고 그 죄에 의하여 사망이 왔으니 그리하여 모든 사람이 죄를 지었으므로 사망이 모든 사람에게 전달되었느니라.』

죄인이 아니라면 우리는 죽지 않을 것이다. 위의 말씀에 의하면 인간이 사기, 살인, 강도, 절도 등의 죄를 지어서 죄인이 되는 것이 아니다. 모든 인간이 태어나면서 죄성을 가지고 태어났기에 죄인인 것이다.

그러나 거의 모든 사람이 자신이 죄인이 아니라고 생각하며 살고 있다. 자신은 다른 사람보다 훨씬 선하게 살았고 의롭게 살았다거나, 어려서부터 교회에 다녔고 집사, 권사, 장로, 목사 직분이 있기에 죄인이 아니라고 착각한다. 그러나 구원을 받으려면 그가 누구이든, 어떤 배경에서 살았든 먼저 자신이 죄인인 것을 알아야 한다.

사람이 죽으면 몸은 흙으로 돌아간다는 것은 부인할 수 없는 사실이다. 죽음은 죄의 대가를 치르는 것이다. 이것이 성경에서 말씀하시는 첫째 사망이다. 그런데 성경은 죽음 뒤에 오는 둘째 사망을 말씀하신다. 이는 혼의 멸망이며 지옥 불에서 혼이 영원히 타는 것이다.

계 21:8 『그러나 두려워하는 자들과 믿지 아니하는 자들과 가증스런 자들과 살인자들과 음행하는 자들과 마술하는 자들과 우상 숭배하는 자들과 모든 거짓말하는 자들은 불과 유황이 타는 못에 참여하리니 이것이 둘째 사망이라." 고 하시더라.』

이 둘째 사망에 가는 자들은 누구인가? 처음 나열되는 것이 살인자나 강도 등 흉악범들이 아니다. 바로 "두려워하는 자," "믿지 않는 자" 이다. 여러분이 믿지 않는 자라면 둘째 사망에서 제외될 수 없다.

세상에서 훌륭한 일을 했고 최고의 선을 행했다고 칭송을 받았다고 할지라도 둘째 사망에 들어가야만 하는 것이다. 이 땅에 태어난 모든 인간에게 첫째 사망과 둘째 사망은 보장된 것이다. 이 둘째 사망에서 벗어나는 것, 지옥 불에서 혼을 구하는 것이 '구원' 이다.

많은 목사들이 말하듯 이 세상에서 잘 먹고 잘 살고 건강한 것이 구원이 아니다. 이들은 그래서 불교도 타 종교도 구원이 있다고 하는 것인데, 구원이란 이런 사람들이 이야기하는 것과 상관없이 지옥 불 속에서 구원을 받는 것이다. 여러분은 자신이 죄인인 것을 알아야 한다. 자신이 죄인인 것을 알지 못할 때는 구원을 받을 수 없다.

누가 죄인인가?

성경은 누가 죄인인지를 말씀하신다.

롬 3:10-12 『기록된 바와 같으니 "의인은 없나니 없도다, 한 사람도 없도다. 깨닫는 자도 없고 하나님을 찾는 자도 없도다. 모두가 탈선하여 함께 무익하게 되었으며 선을 행하는 자가 없으니 없도다, 한 사람도 없도다.』

사람은 모두 죄인이며, 성경은 의인은 아무도 없다고 말씀하신다. 구원받기 전의 인간은 모두 죄인이다.

갈 3:10,11 『기록되기를 "행하도록 율법책에 기록된 모든 것을 계속해서 행하지 않는 자는 누구나 저주를 받느니라." 고 하였음이라. 따라서 하나님 앞에서 율법으로 의롭게 되는 사람은 아무도 없다는 것이 분명하니 이는 "의인은 믿음으로 말미암아 살리라." 고 하였음이니라.』

자신이 율법을 지켰기 때문에 의인이라고 하는 사람들이 있지만 성경은 그렇게 말씀하시지 않는다(11절). 인간은 율법에 기록된 모든 것을 하나도 어김없이 지킬 수 없기 때문이다. 그렇다면 율법을 어긴 것에 대해 말로써 하나님께 잘못했다고 고백만 하면 되는 것인가? 세상의 법도 어떤 잘못을 저질렀을 때 사과하는 것으로만 끝나지 않는다. 죄로 인해 감옥에 가거나 손해를 배상해야 한다.

어떻게 죄 사함을 받을 수 있는가? 어떻게 이미 지은 죄를 없앨 수 있는가? 대다수의 많은 사람들은 자신이 지은 죄를 만회할 수 있다고 생각한다. 그래서 교회 예배에 참석하고, 헌금하고, 구제하는 등의 의로운 행위로 죄를 무마하려고 한다.

그러나 인간은 어떠한 노력으로도 죄 사함을 받을 수 없다. 죄 사함은 하나님의 용서함이 있어야만 가능하기 때문이다. 재판관이신 하나님께서 "너는 무죄다" 라고 하실 때 가능한 것이다.

하나님은 모든 인간의 죄를 용서해 주기를 원하시지만 그러려면 근거를 필요로하신다. 근거도 없이 임의로 죄를 사하는 것은 세상의 법에도 없듯이 공의로우시고 거룩하신 하나님께서 하실 수 없는 일이다. 죄 문제를 처리해야 하는데 죄인인 인간은 할 수 없기에 의로우신 하나님께서 직접 죄를 짊어지고 죄값을 치르시는 방법밖에는 없다.

벧전 3:18 『그리스도께서도 죄들로 인하여 한 번 고난을 받으사 의인으로서 불의한 자를 대신하셨으니, 이는 육신으로는 죽임을 당하셨으나 성령에 의하여 살림을 받으심으로 우리를 하나님께로 인도하려 하심이라.』

유일한 의인이신 그리스도께서 우리의 죄를 대신 짊어지셨다. 의로우신 하나님께서 인간의 몸으로 오셔서 우리 죄를 대신하여 십자가에서 피 흘려 죽으셨고 삼일 만에 부활하셨기에 죄인들을 용서할 근거가 마련된 것이다. 누군가가 죄값을 치러야 하는데,

거룩하신 하나님만이 의로우시기 때문에 죄값을 치르셨고 그분이 바로 예수 그리스도시다.

누가 죄 사함을 받는가?

갈 2:16 『사람이 율법의 행위로 의롭게 되는 것이 아니요, 예수 그리스도를 믿음으로 인하여 되는 줄 알고 우리도 예수 그리스도를 믿었나니, 이는 우리가 율법의 행위로써가 아니라 그리스도를 믿음으로 인하여 의로워지고자 함이라. 이는 율법의 행위로는 아무 육체도 의롭게 될 수 없음이라.』

먼저 자신이 죄 사함을 원해야 한다. 선물도 받는 사람이 원하지 않으면 줄 수가 없듯이 선물로 주신 귀중한 구원도 받는 사람이 원하지 않으면 받을 수 없다.

엡 2:8 『너희가 믿음으로 말미암아 은혜로 구원을 받았으니 이것은 너희에게서 난 것이 아니요, 하나님의 선물이라.』

예수 그리스도께서 죄를 대속해 주신 사실을 믿어야만 구원을 받을 수 있다. 어떻게 믿을 수 있는가?

롬 10:17 『그러므로 믿음은 들음에서 나오며 들음은 하나님의 말씀에 의해서니라.』

하나님의 말씀을 듣고 그 말씀을 마음으로 믿어 구원을 받는다. 구원은 체험이나 경험이 아닌 하나님의 말씀으로 받는 것이다. 구원받은 후 성경을 공부하고 설교를 들음으로써 더 견고한 믿음을 가질 수 있다. 그러나 하나님의 말씀을 창세기부터 요한계시록까지 성경을 모두 알고 믿어야 구원을 받는 것이 아니다.

롬 10:9 『네가 네 입으로 주 예수를 시인하고 또 하나님께서 그를 죽은 자들로부터 살리신 것을 네 마음에 믿으면 구원을 받으리라.』

첫째, 예수 그리스도께서 주 하나님이신 것을 믿어야 한다. 예수 그리스도를 하나님의 '아들'로만 알거나 피조된 신으로 알고 있는 것이 오늘날 많은 기독교인들의 개탄스러운 현실이다. 둘째, 예수 그리스도께서 우리의 죄를 위해 죽으셨고 사흘만에 부활하신 사실을 믿어야 한다.

고전 15:3,4 『내가 받은 것을 먼저 너희에게 전달하였나니 이는 성경대로 그리스도께서 우리의 죄들로 인하여 죽으시고 장사되셨다가 성경대로 셋째 날에 다시 살아나셔서 게바에게 보이시고 그후에 열두 사도에게 보이신 것이라.』

성경 66권 전체를 믿어야 구원받는 것이 아니라 위 구절에서 말씀하는 '은혜 복음'을 믿고 구원받는 것이다.

딤전 3:16 『경건의 신비는 논쟁의 여지없이 위대하도다. 하나님께서는 육신으로 나타나셨고 성령으로 의롭게 되셨으며, 천사들에게 보이셨고 이방인들에게 전파되셨으며, 세상에서 믿은 바 되셨고 영광 가운데로 들려 올라가셨음이라.』

예수 그리스도께서 하나님이신 것, 즉 하나님께서 직접 육신으로 나타나신 신비를 믿어야 한다.

정리하면, 구원을 받기 위해서는

1) 자신이 죄인인 것을 진심으로 회개하고

2) 예수 그리스도께서 육신으로 오신 하나님이신 사실을 믿고

3) 그분이 자신을 위해 죽으시고 삼일 만에 부활하신 것을 마음으로 믿어야 한다.

많은 목사들이 "예수님을 만났습니까?" 라는 질문을 한다. 그들은 어떻게 예수님을 만나는지 알려주지도 않고 자신도 이해하지 못하는 그런 모호한 질문을 던지는 것이다. 그럼으로써 많은 사람이 기도원 같은 곳에 예수님을 만나러 달려가고 있으며, 자신의 선한 행위와 노력으로 구원을 받으려 하고 있다. 이러한 것은 예수 그리스도께서 흘리신 보혈을 헛되이 만드는 일이다. 독자들은 이렇게 구원을 어렵게 만들어 구원을 받지 못하게 하는 것은 마귀의 일인 것을 깨닫고, 아직 구원받지 않았다면 오늘 예수 그리스도를 자신의 구세주로 영접하기를 간절히 기도한다.

2
구원의 영원한 보장

우리가 받은 구원은 영원한 것인가? 많은 사람들이 '나는 구원받고 난 후에 죄를 지었는데, 그 때문에 구원을 잃어버리는 것은 아닌가?' 하고 의심한다. 또 어떤 이들은 구원의 영원성이 논리적이지 않다고 하며 이를 믿지 못한다. 이번 과에서는 왜 이 교리가 성경적인 동시에 논리적인지 살펴보려 한다.

구원은 나와 하나님 사이에 맺어진 관계이다. 구원은 하나님과의 교제, 즉 하나님을 섬기기 위해 우리가 하는 행위에 의한 것이 아니다. 구원은 내가 주 예수 그리스도를 통해서 하나님과 '아버지와 아들' 의 관계를 맺은 것이다.

많은 사람들이 구원의 영원한 보장을 믿지 못하는 이유는 우리 주위의 많은 교회들이 때로는 믿음으로만 구원을 받는다고 했다가 때로는 행위로써 구원받는다고 하기 때문이다. 그들은 끝까지 견뎌야 한다거나, '이기는 자' 가 되어야 한다거나, 세례를 받아야 한다는 등 행위에 의한 구원을 가르쳐 사람들을 혼동에 빠지게 한다.

구원은 단 한 번 받는 것이다. 카톨릭에서 가르치듯 매주 미사 때마다 영성체를 받아 먹음으로써 예수 그리스도를 '영접' 해서 구원받는 것이 아니다. 구원받기 위해 이러한 행위를 반복하는 사람은 구원받지 못한 것이다. 카톨릭 신자들에게 "구원 받으셨습니까?" 하고 물으면 많은 사람들이 매주 구원을 받는다고 대답한다.

값없는 선물로서 받음

구원은 값없이 선물로 받은 것이기 때문에 잃어버릴 수 없다.

엡 2:8,9 『너희가 믿음으로 말미암아 은혜로 구원을 받았으니 이것은 너희에게서 난 것이 아니요, 하나님의 선물이라. 행위에서 난 것이 아니니 아무도 자랑하지 못하게 하려 하심이라.』

선물이란 어떤 대가를 치르고 받는 것이 아니다. 받을 자격이 없는 자가 은혜로 베푸심을 받아 값없이 받는 것이다. 만약 우리가 노력이나 행위(선행, 종교행위 등)로 구원을 받았다면 자신의 노력과 의를 자랑할 것이다. 또한 행위로 구원을 받은 것이라면 이 행위를 하지 않을 때는 구원을 잃어버릴 것이다. 그러나 우리는 행위로써 구원받지 않았기 때문에 구원받고 난 후의 행위가 구원에 영향을 줄 수 없다. 그렇기 때문에 한 번 받은 구원은 잃어버릴 수 없는 것이다.

에베소서 2:8의 은혜로 구원을 받았다는 말씀의 뜻은 죄가 없는 의인이 되었다는 말씀이다. 하나님께서는 구원받은 자를 의인으로 간주하시고 의인으로 판결하신다.

롬 3:20-26 『그러므로 율법의 행위로는 그분 앞에 의롭게 될 육체가 없나니 이는 율법을 통해서는 죄의 깨달음이 있음이니라. 그러나 이제는 율법 없이 하나님의 의가 나타났으니 율법과 선지서들을 통해 증거된 것이니라. 곧 하나님의 의는 예수 그리스도를 믿음으로 인한 것으로 모든 자와 믿는 모든 자에게 미치나니 차별이 없느니라. 이는 모든 사람이 죄를 지었으므로 하나님의 영광에 이르지 못하다가 그리스도 예수 안에 있는 구속을 통하여 그의 은혜로 값없이 의롭게 되었음이라. 하나님께서는 그의 피를 믿는 믿음을 통하여 그를 화목제물로 세우셨으니 이는 하나님의 오래 참으심 가운데서 이전에 지은 죄들을 사하심으로 인하여 그의 의를 선포하려 하심이요, 곧 이때에 자기의 의를 선포하심은 자신도 의롭게 되시고 또한 예수를 믿는 자도 의롭다 하려 하심이니라.』

위 구절은 우리가 어떠한 행위로 죄 사함을 받고 의인이 되며 구원받는 것이 아니라고 분명히 말씀한다. 20절의 "죄의 깨달음이 있음이니라."는 말씀은 우리가 율법을 통해서 죄인인 것을 알게 되고 자신이 율법을 다 지킬 수 없다는 사실을 알게 됨을 뜻한다.

하나님의 의는 "예수 그리스도를 믿음으로 인한 것"(22절)이라고 말씀하신다. 즉 예수 그리스도를 믿음으로써 하나님의 의를 갖게 되며, 하나님께서는 그런 이들을 의인이라 부르신다. 성경은 우리가 의인이 된 이유가 행위가 아닌 믿음 때문이라고 증거하신다. 따라서 구원은 잃어버리지 않는 것이다.

영원한 생명을 받음

또한 우리가 예수 그리스도를 믿고 얻은 것은 '영생' 이기 때문에 구원을 잃을 수 없다.

요 3:16,36 『하나님께서 세상을 이처럼 사랑하셔서 그의 독생자를 주셨으니, 이는 그를 믿는 사람은 누구든지 멸망하지 않고 영생을 얻게 하려 하심이니라… 아들을 믿는 자는 영생을 가졌고 그 아들을 믿지 않는 자는 생명을 보지 못하고 오히려 하나님의 진노가 그 사람 위에 머물러 있느니라." 고 하더라.』

영생은 영원한 삶을 말한다. 만일 구원을 잃어버린다면 그것은 영원한 생명이 아니라 일시적인 생명에 불과하다. 성경은 아들을 믿는 자는 영생을 가졌다고 하시기 때문에 구원을 잃어버릴 수 없는 것이다.

요 10:28,29 『내가 그들에게 영생을 주노니 그들은 영원히 멸망하지 않을 것이며, 또 아무도 나의 손에서 그들을 빼앗지 못할 것이니라. 그들을 나에게 주신 내 아버지는 만유보다 더 위대하시니, 아무도 나의 아버지 손에서 그들을 빼앗아 갈 수 없느니라.』

주님께서 28절에서는 영생을 주신다고 하셨고, 29절에서는 영생을 받은 자를 아무도 주님의 손에서 빼앗을 수 없다고 말씀하신다. 그럼에도 불구하고 많은 사람들이 구원받고 난 후 구원을 잃어버린다고 함으로써 행위에 의한 구원을 가르치고 있다(카톨릭 교회, 알미니안주의를 믿는 감리교, 일부 장로교 등).

요한일서 5장은 우리에게 영생이 있음을 말씀한다. 이 영생이 우리에게 있기에 구원의 영원한 보장이 있는 것이다.

요일 5:10,11 『하나님의 아들을 믿는 자는 자기 안에 그 증거가 있고, 하나님을 믿지 아니하는 자는 하나님을 거짓말쟁이로 만드나니 이는 하나님께서 그 아들에 관하여 주신 증거를 믿지 아니하기 때문이라. 또 증거는 이것이니, 하나님께서 우리에게 영생을 주신 것과, 이 생명이 그의 아들 안에 있다는 것이라.』

10절은 예수 그리스도께서 주신 증거를 믿지 않으면 하나님을 거짓말쟁이로 만드는 무서운 죄를 범하는 것이라고 말씀한다. 세상 법에서도 거짓말하지 않은 사람을 거짓말쟁이라 할 때에 무고죄로 벌을 받게 된다. 하나님께서 예수 그리스도에 대해 하시는 증거를 믿지 않으면 하나님을 거짓말쟁이로 만드는 크나큰 죄를 짓는 것이다. 그런 사람은 구원을 받을 수 없고 멸망의 장소인 지옥의 형벌을 받게 된다.

그 다음 11절은 구원의 영원한 보장을 증거하는 구절이다. 구원의 영원한 보장을 믿지 못한다면 여러분의 믿음은 성장할 수 없다. 매일같이 '구원을 잃어버리면 어떻게 하나!' 하며 자신의 구원을 의심해서는 안된다. 하나님의 말씀을 신뢰하지 않고 감정을 따라갈 때는 은사주의자처럼 방언을 하다가 그 방언이 사라지는 날 '하나님이 나를 떠나셨구나!' '나는 이제 지옥에 가는 구나!' 하게 되는 것이다.

앞의 구절에서 말씀하는 "증거" 는 하나님께서 우리에게 영생을 주신 것이며, 그의 아들 안에 있는 "생명" 은 영생이다. 10-13절은 구원받은 자가 현재 그 생명을 가졌다고 현재 시제로 말씀한다.

우리가 영생을 가졌다고 말하면 예수님을 믿는다고 하는 사람들도 '어떻게 스스로 영생을 가졌다고 자신할 수 있는가?' 라며 화를 낸다. 그런 사람은 자신이 구원을 받지 못했기 때문에 화를 내는 것이다. 어떻게 영생을 가졌음을 알 수 있는가? 바로 위의 하나님의 말씀을 통해서 알 수 있다.

그들은 선행과 노력을 통해서 어떤 수준까지 도달해야 영생을 얻을 수 있다고 생각한다. 다시 말해서 우리가 영생을 가졌다고 하면 우리가 자신들보다 선하다는 뜻으로 듣기 때문에 화를 내는 것이다. 하나님의 말씀은 단 한 가지 기준, 즉 하나님의 아들이 우리 마음에 계신지 안 계신지에 따라서 영생을 가졌는지 갖지 못했는지가 결정된다고 말씀한다.

하나님의 아들이 됨

또 우리는 예수 그리스도를 자신의 구주로 믿었을 때 하나님의 아들이 되었기에 구원을 잃을 수 없다.

요 1:12 『그러나 누구든지 그를 영접한 사람들에게는 하나님의 아들들이 되는 권세를 주셨으니, 즉 그의 이름을 믿는 사람들에게니라.』

위 말씀대로 하나님의 아들이 되었기 때문에 구원을 잃어버릴 수 없다. 구원을 잃어버리고 싶어도 잃어버릴 수가 없는 것이다. 예수 그리스도를 영접한 사람들은 하나님의 아들이 되었기에 지옥에 가지 않는다. 전에는 마귀의 자녀였다가 이제 하나님의 자녀, 즉 하나님의 가족이 된 것이며, 아버지와 아들의 관계가 성립되었다. 아들이 죄를 지었다고 해서 아버지와 아들의 관계가 끊어지는 것이 아니다.

끊으려야 끊을 수 없는 것이 아버지와 아들의 관계가 아닌가? 한번 태어난 아들은 그 아버지의 아들이 되지 않을 수 없기 때문에 구원은 잃어버릴 수 없다. 문제는 죄를 지으면 아버지와의 교제가 끊긴다는 사실이다. 구원이 영원히 보장된다고 해서 구원받은 후에 죄를 지어도 무방한 것은 결코 아니다. 죄를 지으면 관계는 끊기지 않지만 교제가 끊기게 되고, 교제가 끊기면 아버지로부터 징계를 받게 된다.

히 12:5-11 『또 마치 자녀들에게 했던 것과 같이 너희에게 권면하신 말씀을 잊었으니, 곧 "내 아들아, 주의 징계를 경시하지 말고, 책망을 받을 때에 낙심하지 말라. 주께서 그의 사랑하시는 자를 징계하시고, 그가 받으시는 아들마다 매질하시느니라." 고 하신 것이라. 너희가 징계를 견디어 내면 하나님께서는 너희를 아들들로 대우하실 것이니, 아버지가 징계하지 않는 아들이 어디 있느냐? 모든 사람들이 참여하는 징계를 너희가 받지 않는다면 너희는 사생아요, 친아들이 아니니라. 또 우리 육신의 아버지가 우리를 징계하여도 존중하였거늘 영들의 아버지께는 더욱 복종하며 살아야 하지 않겠느냐? 그들은 정녕 자기들이 옳다고 생각한 대로 며칠 동안 우리를 징계하였지만, 하나님께서는 우리의 유익을 위하시고 또 우리로 그분의 거룩하심의 참여자들이 되도록 하시느니라. 징계가 당시에는 즐겁지 않고 슬픈 것 같으나 후에 그로 인하여 훈련된 자들에게는 화평한 의의 열매를 맺느니라.』

많은 사람들은 '구원받았으면 아무렇게나 살면 되지 않는가?' 라고 묻는다. 죄를 지으면 구원은 잃어버리지 않지만 죄의 대가를 치르게 된다. 하나님과의 교제가 끊기고 아들로서 징계를 받는 것이 그것이다. 아버지가 아들을 징계하시는 이유는 거룩하심의 참여자가 되게 하시고(10절) 화평한 의의 열매를 맺게 하기 위해서이다(11절). 이 목적을 이루기 위해 하나님께서는 우리를 징계하신다.

뿐만 아니라 구원받은 뒤에 죄를 짓게 되면 그리스도의 심판석에서 심판을 받는다. 이것은 지옥에 갈지 안 갈지를 정하는 심판이 아니라 상을 받을 것인지 아니면 수치와 손해를 당할 것인지를 정하는 심판이다.

고후 5:10,11 『이는 우리 모두가 반드시 그리스도의 심판석 앞에 나아가서 선이든지 악이든지 각자 자기가 행한 것에 따라, 자기 몸으로 행한 것들을 받을 것이기 때문이라. 그러므로 우리가 주의 두려우심을 알기 때문에 사람들에게 권유하노라. 그러나 우리가 하나님께 나타내어졌으며, 나는 또 너희 양심에도 나타내어졌으리라고 믿노라.』

구원받은 후 죄를 짓더라도 구원을 잃어버리지는 않지만, 구원받은 후 우리가 한 일에 대해 주님께 심판을 받기에 죄를 지어서는 안 되는 것이다. 만일 죄를 지었다면 바로 자백해야 한다. 자백에 대한 주제는 다음 과에서 다루기로 하겠다.

생명책에 이름이 기록됨

구원받은 사람들은 그 이름이 생명의 책에 기록되었기 때문에 구원을 잃어버릴 수 없다.

빌 4:3 『내가 또한 참된 동지인 너희에게 청하노니 복음 안에서 나와 함께 애쓰고 또 클레메와 나의 다른 동료들과도 함께 수고

한 이 여인들을 도우라. 그들의 이름이 생명의 책에 있느니라.』

우리가 하는 어떤 행위로써 구원을 점진적으로 받아가는 것이 아니다. 우리가 구원받았을 때 이미 이름이 생명의 책에 기록되었기 때문에 우리의 구원은 잃어버릴 수 없다.

구원받은 이들에게는 영원한 구원이 보장되지만, 그렇다고 죄를 지어도 된다는 것이 아니다. 죄를 지으면 주님께 받을 상을 잃어버릴 뿐만 아니라 수치와 손해를 당하게 된다. 어떠한 손해를 당할지는 성경에 나와 있지 않다. 그러나 우리가 분명히 알 수 있는 것은, 지옥 불의 벌은 아니지만 고린도후서 5장 말씀처럼 우리가 행한 대로 받게 된다는 것이다.

정리하면, 우리가 구원을 받았으면 이 구원은 영원히 보장되고 결코 잃어버릴 수 없다. 구원은 하나님으로부터 선물로 받은 것이다. 우리는 하나님의 은혜로 의인이 되었으며, 영생을 소유하고 있다. 하나님의 아들이 된 우리는 생명의 책에 이름이 기록되었기에 구원을 잃어버릴 수 없다.

3

지역교회 참석

교회란 불러냄을 받은 모임(called out assembly)을 뜻한다. 예수 그리스도의 보혈로 죄 사함을 받고 세상에서 불러냄은 받은 사람들의 모임, 세상에서 성별되어 나온 사람들의 모임이 교회이다. 성경은 두 가지 교회, 즉 보이는 교회와 보이지 않는 교회에 대해 말씀한다. 보이는 교회는 특정 지역에서의 모임인 지역교회이며, 보이지 않는 교회는 영적 교회 즉 '그리스도의 몸' 이다. 본 과에서는 보이는 교회인 지역교회에 대해 설명하려 한다. 특정 지역에 모인, 눈에 보이는 교회를 지역교회라고 부른다.

신약 최초의 지역교회

행 1:12–15 『그후에 그들은 올리브 산이라 하는 곳에서 예루살렘으로 돌아왔는데 이 산은 예루살렘에서 가까워 안식일에 다닐 수 있는 거리더라. 그들이 들어가서 다락방으로 올라가니 거기에는 베드로, 야고보, 요한, 안드레, 빌립, 도마, 바돌로매와 마태,

알패오의 아들 야고보, 셀롯 시몬과 야고보의 형제 유다가 머물고 있더라. 이들 모두가 여인들과 예수의 모친 마리아와 주의 형제들과 더불어 하나가 되어 기도와 간구에 전념하더라. 그 무렵 베드로가 제자들 가운데 서서 말하기를 (함께 모인 사람의 수는 약 일백이십 명이더라.)』

사도행전 1:9,11에서 예수님께서 승천하신 후 첫 번째 신약교회인 지역교회를 볼 수 있다. 15절에서 120명이 모여 지역교회가 시작되었고, 얼마 후 사도행전 2장에서 오순절에 성령께서 이들에게 임하셨다. 주님께서 위로자 성령님을 보내신다고 하신 그 말씀이 이루어져 성령께서 이 지역교회에 임하신 것이다.

행 2:47 『하나님을 찬양하고 또 모든 사람에게 칭찬을 받더라. 주께서 구원받는 사람들을 그 교회에 날마다 더해 주시더라.』

이 최초의 지역교회에 말씀이 선포되었고, 주님께서는 구원받는 사람들을 날마다 지역교회에 더해 주셨다. 이로써 우리가 알 수 있는 것은 '지역교회' 가 건물을 말하지 않는다는 것이다. 만일 우리가 모여 있는 교회 건물이 불에 타서 없어져서 다른 장소에서 모인다면 그 모임 자체가 교회가 된다. 따라서 곳곳에 여러 개의 지역교회가 있을 수 있는 것이다. 그러나 눈에 보이지 않는 교회인 '그리스도의 몸' 은 하나다. 구원받은 사람들은 모두 성령 침례에 의해서 예수 그리스도의 몸의 한 지체가 된다.

정리하면, 보이지 않는 교회는 하나지만 보이는 지역교회는 여러 개가 있으며, 보이는 교회는 건물이 아닌 구원받은 사람들의 모임이다. 이것이 지극히 기본적인 이야기라고 생각할지 모르나 오늘날 많은 교회들이 '교회' 라고 하면 건물을 먼저 생각하고, 심지어 건물을 성전이라고 부르고 있다. 그 결과 외적인 성장만을 추구하여 건물을 크고 호화스럽게 지으려 하고 성경에서 말씀하시는 지역교회 본연의 의무와 기능은 망각하고 상실하게 되었다.

지역교회에 참석해야 하는 이유 - 하나님의 명령이기 때문에

히 10:24,25 『또 서로 생각하여 사랑과 선행을 격려하며 어떤 사람들의 습관처럼 우리 자신들이 함께 모이는 것을 저버리지 말고 서로 권면하여 그 날이 가까워 오는 것을 볼수록 더욱 그리하자.』

하나님께서는 주님 오실 때가 가까울수록 더욱더 모이는 것에 힘쓰라고 하신다. 지역교회에 모이는 것은 주님의 명령일 뿐 아니라 지역교회에 참석하지 않고서는 그리스도인으로서 성장할 수 없다.

행 20:28-30 『그러므로 너희 자신을 조심하고 모든 양떼에게도 그리하라. 이들을 위하여 성령께서는 너희를 감독자들로 세우셨으며 하나님께서 자신의 피로 사신 하나님의 교회를 돌보게 하셨느니라. 또 내가 이것을 아노니, 내가 떠난 후에 흉악한 이리들이 너희 가운데로 들어와서 양떼를 아끼지 아니할 것이며 또한 너희 가운데서도 사람들이 일어나서 왜곡된 것을 말하여 제자들을 끌어내어 자기들을 좇게 할 것이라.』

바울이 감독자인 목사에게 당부하는 위 구절에서 하나님의 교회는 하나님께서 자신의 피로 사신 것이라고 말씀한다. 바울은 이처럼 소중한 교회의 안팎에서 가해질 공격에 대해 경고하는데, 흉악한 이리들이 교회 안으로 들어와 양떼를 해치고, 또 교회 안에서도 사람들이 일어나 교회를 파괴할 것이라고 말한다.

하나님께서는 지역교회를 통해 하나님의 뜻을 성취하신다. 바울이 쓴 서신들도 그 대상은 각 교회였으며, 요한이 기록한 요한계시록도 일곱 교회를 대상으로 하고 있다. 우리는 구원을 받았다고 해서 그것으로 끝나는 것이 아니라 지역교회에 참여해서 하나님의 뜻을 성취해야 한다.

주님께서는 감독자인 목사를 통해 지역교회를 돌보게 하셨다. 또한 우리가 지역교회에 참석하는 것은 구원받지 못한 사람에게 좋은 간증이 되어 그들을 구령할 수 있는 계기를 마련해 준다.

지역교회에게 주신 권한

마 18:15-20 『또 네 형제가 네게 죄를 짓거든 가서 너와 그 사람만 있을 때 그에게 그의 잘못을 일러주라. 만일 그가 네 말을 들으면 너는 네 형제를 얻은 것이라. 그러나 만일 그가 네 말을 듣지 아니하면 너 외에 한두 사람을 더 데리고 가서 두세 증인의 입으로 모든 말을 입증하게 하라. 그래도 그가 말을 듣지 아니하거든 교회에다 말하고, 교회의 말도 듣지 아니하거든 그 사람을 이교도나 세리와 같이 여기라. 진실로 내가 너희에게 말하노니, 무엇이든지 너희가 땅에서 묶으면 하늘에서도 묶일 것이요, 또 무엇이든지 너희가 땅에서 풀면 하늘에서도 풀어지리라. 다시 내가 너희에게 말하노니, 만일 너희 중의 두 사람이 무엇이든지 구할 것을 두고 땅에서 합심하면, 하늘에 계신 내 아버지께서 그들에게 이루어 주실 것이라. 두세 사람이 내 이름으로 함께 모이는 곳에는 나도 그들 가운데 있느니라." 하시더라.』

교회의 징계에 대한 위 구절에서 우리는 하나님께서 교회에게 어떤 특권과 은혜를 주셨는지 알 수 있다. 위 말씀은 지역교회가 해야 할 일들을 분명히 말해 주지만 대부분의 교회들은 이 말씀대로 실행하지 않는다. 하나님의 말씀을 따르지 않는 교회에서는 무질서와 혼란이 난무할 수밖에 없고, 결국 자신의 주장과 이익만을 좇는 세상의 조직체와 다를 바가 없게 된다.

위 구절은 교회 내에서 개인들 간에 문제가 있을 때 이를 어떻게 처리해야 하는지에 대해 말씀한다. 어떤 사람이 죄를 지었는데 자신의 죄를 인정하지 않고 말을 듣지 않는다면, 한두 사람을 동반하고 잘못을 저지른 자에게 찾아가서 그의 잘못을 알려 주고, 그가 이도 듣지 않으면 최종적으로 교회에 말을 하라고 말씀하신다. 이마저도 듣지 않을 때는 그 사람을 이교도나 세리와 같이 여기라는 것이 하나님의 말씀이다. 교제를 끊음으로써 자신의 잘못을 깨닫게 하려는 것이다.

그러나 오늘날 많은 교회들에서 징계를 찾아볼 수 없다. 지역교회에 주어진 권한을 행사해 징계하는 것을 사랑이 없는 행위로 여기기 때문이다. 그들은 실제로는 그 사람을 사랑하지 않는 것이고, 피상적인 사랑만을 강조하면서 교회에게 주신 하나님의 권한과 특권을 외면하는 것이다.

교회는 순수한 양들이 모여 있어야 하는 곳이다. 그래서 교회를 이끄는 감독을 '목사' (pastor, 목자)라고 하는 것이며, 목자는 이리나 뱀들로부터 양떼를 보호해야 한다. 그렇기 때문에 하나님께서는 마태복음 18장 같은 명령을 주신 것이다. 피상적 사랑만 강조하는 육신적인 생각으로 행하면 누가 이리인지 뱀인지 구분하지 못하기 때문에 교회가 파괴될 수밖에 없다.

하나님의 피로 사신 교회는 그 순수함을 유지해야 하나, 하나님의 말씀에 무지하기 때문에 교회가 파괴되고 변질되는 것이다. 징계 등 지역교회가 해야 하는 것들을 성경적으로 실행하지 않고서는 하나님의 피로 사신 교회를 지킬 수가 없다. 인간적인 생각으로 징계가 요구되는 경우인데도 징계를 내리지 않거나 내려진 징계에 대해 불만을 갖는 것은 교회를 파괴하는 것이다.

지역교회의 기능

행 2:40-47 『또 여러 가지 다른 말로 증거하고 권고하여 말하기를 "너희는 이 사악한 세대로부터 구원을 받으라." 고 하더라.

그러자 그의 말을 기꺼이 받아들인 사람들은 침례를 받더라. 그리하여 그 날에 약 삼천 명의 사람이 더 늘었더라. 그들이 사도들이 가르친 교리와 교제, 빵을 떼는 것과 기도하는 데 전념하더라. 모든 사람에게 두려움이 임하였으며 사도들을 통하여 많은 이적들과 표적들이 행해지더라. 믿는 사람들이 다 함께 있으면서 모든 물건을 공동으로 쓰며 또 자기 재산과 소유물을 팔아서 각 사람의 필요를 따라 모든 사람에게 나누어 주더라. 그리고 그들은 날마다 하나가 되어 꾸준히 성전에 모이며, 또 집집마다 돌아가며 빵을 떼고 즐거움과 순전한 마음으로 음식을 먹으며 하나님을 찬양하고 또 모든 사람에게 칭찬을 받더라. 주께서 구원받는 사람들을 그 교회에 날마다 더해 주시더라.』

베드로가 유대인에게 말씀을 전하는 위 구절에서 우리는 교회가 어떠한 일들을 해야 하는지 알 수 있다.

(1) 교회는 복음을 전파함으로써 구원의 길을 선포한다(40절).

(2) 교회는 복음을 받아들인 사람에게 침례를 베푼다. 침례는 구원의 조건이 아니지만 하나님께서 구원받은 사람에게 첫번째로 주시는 명령이다(41절).

(3) 교회는 하나님의 말씀을 가르친다. 설교와 성경공부 등을 통해 하나님의 말씀대로 살 수 있게 인도한다(42절).

(4) 교회는 성도 간에 교제가 있는 곳이다. 성도란 거듭나서 새로운 피조물이 된 이들이다. 과거에 세상에서 살면서 지었던 죄악으로부터 성별되어 그리스도의 대사가 된

성도들은 예수 그리스도를 알지 못하는 사람들을 구령해야한다. 많은 사람들이 구원을 받았음에도 불구하고 구원받지 못한 사람과 성별된 삶을 살지 못하는 것은 성도의 교제가 없기 때문이다. 지역교회에서 성도들과 교제하지 않고서는 세상에 빠질 수밖에 없다. "집집마다 돌아다니며" 빵을 뗐다는 46절 말씀에서 빵을 떼는 것은 주의 만찬이 아닌 교제를 말한다.

(5) 기도하는 데 전념하는 곳이다(42절).

(6) 성도 간에 돕고 섬기기 위해 모이는 곳이다(44,45절).

(7) 하나님을 찬양하는 곳이다. 찬양은 입술로도 드릴 수 있고(히 13:15), 선행을 하여 의의 열매를 맺음으로써도 하나님께 찬양드릴 수 있다(빌 1:9-11). 즉, 우리의 삶이 빛과 소금이 되었을 때 하나님께 찬양이 되는 것이다(47절). 이러한 것들이 지역교회의 기능이며 성도들이 해야 할 일이다. 이런 지역교회를 위해 하나님께서는 은사를 주셨는데, 그것이 어떤 은사들인지 성경에서 찾아 보려 한다.

지역교회의 은사

지역교회가 해야 하는 일들을 위에서 일곱 가지로 요약했다. 이렇게 성도가 교회에서 사역을 할 수 있도록 하나님께서는 지역교회의 지체들에게 은사를 주신다.

엡 4:11-13 『그가 어떤 사람들은 사도로, 어떤 사람들은 선지자로, 어떤 사람들은 복음 전도자로, 어떤 사람들은 목사와 교사로 주셨으니 이는 성도들을 온전케 하며 섬기는 일을 하게 하고 그리스도의 몸을 세우게 하여 우리 모두가 믿음의 하나 됨과 하나님의 아들을 아는 지식의 하나됨에 도달하게 하고 온전한 사람이 되어 그리스도의 충만하심의 장성한 분량에까지 이르게 하려 하심이라.』

위 구절은 말씀대로 지역교회 성도들에게 각기 다른 은사를 주시어 그리스도의 충만하심의 장성한 분량에까지 이르게 하신다고 말씀한다. 지역 교회를 통해 하나님께서 이루시는 일들은 다음과 같다.

(1) 성도들을 온전케 하신다. 그리스도인이 구원받은 것으로 모든 목적이 달성된 것이라면 이 구절이 필요 없을 것이다. 구원을 받았다 할지라도 옛 성품을 하나님의 말씀으로 매일 씻어야 하는데, 하나님의 말씀을 듣지 않거나, 말씀을 가르치지 않는 교회에 참석한다면 온전케 될 수가 없다.

구원받은 후에는 성경적인 교회에 속해야 할 뿐 아니라 하나님의 말씀에 따라 변화를 받아야 한다. 그렇지 않고 하나님의 말씀에 불순종하면, 하나님께서는 처음에는 여러 번 기회를 주신다. 그래도 돌아서지 않을 때는 말씀에 따라 바뀌지 않는 사람이 어떤 환경을 통해 교회를 떠나게 만드신다. 즉, 그 사람을 떠나게 하심으로써 교회를 정결하게 만드신다는 말이다. 따라서 우리는 하나님의 말씀으로 변화를 받아 온전하게 되어야 한다.

(2) 섬기는 일을 하게 하신다. 성도들이 지역교회에서 섬기지는 않고 섬김을 받으려고만 할 때 문제가 발생한다. 섬기는 일은 사소한 일에서부터 시작할 수 있다. 교회에서 작은 일부터 자진하는 마음으로 섬길 때 그리스도의 분량에까지 이르게 되는 것이다.

(3) 그리스도의 몸을 세우게 하신다. 우리가 성경적으로 행하면 세상에서 핍박을 받게 되고 사람들로부터 외면당하는 일이 생긴다. 이때 성도들 간에 서로 세워주고 위로함으로써 그리스도의 몸을 세워줄 수 있다. 이렇게 그리스도의 몸을 세우는 일은 성도 간에 사랑이 없으면 불가능하다. 이 사랑은 희생을 요하는 것이며, 이는 시간과 노력, 기도가 필요한 일이다.

이렇게 온전케 하고 서로 섬기며 그리스도의 몸을 세울 때에 13절 말씀처럼 모두가 믿음의 하나됨과 하나님의 아들을 아는 지식의 하나됨에 도달하게 되고, 온전한 사람이 되어 그리스도의 충만하심의 장성한 분량에까지 이르게 된다. 이렇듯 초대교회가 한마음으로 정진했기 때문에 많은 성장이 있을 수 있었다.

성도가 지역교회에 참여하는 것은 이처럼 중요하다. 한편 지역교회를 선택하는 것은 자신의 취향이나 원함에 의한 것이 되어서는 안 된다. 우리는 하나님께서 원하시는 지역교회에 나가야 한다. 세상에는 많은 교회들이 있으나 이 모든 교회들이 올바른 교회는 아니다. 지역교회를 선택할 때 앞에서 살펴본 바와 같이 성경적인 교회인지를 확인해야 한다. 바른 성경을 최종 권위로 삼고 가르치는 교회여야 하고, 거기서 끝나는 것이 아니라 바른 교리와 권고, 책망이 있는 교회여야 하고, 구령하고 선교사를 파송 또는 지원하는 교회여야 하며, 성경적 교리와 가르침을 실행에 옮기는 교회여야 한다.

4

침례

많은 목사들이 침례에 관한 성경 구절들을 잘못 가르치기 때문에 많은 교인들이 침례에 대해 잘못 알고 있거나 혼란에 빠져 있다. 베드로전서 3:21은 침례가 구원의 '모형' 이라고 분명히 말씀한다. 그러나 많은 목사들이 때로는 침례가 의식에 불과하다고 말하다가 때로는 침례를 받아야 구원을 받는다고 말함으로써 혼란을 야기한다.

이러한 배경에는 카톨릭의 전통이 있다. 그들은 교회에서 빠져나가지 못하게 하는 방법으로 카톨릭 교회에서 세례를 받아야만 구원받는다고 하면서 어린 아이들에게 유아세례를 받게 했고, 이를 따르지 않는 신도들은 이단으로 몰아 무참하게 죽였다.

카톨릭의 영향으로 많은 사람들은 침례를 받음으로써 구원받는다고 생각하게 되었다. 이 비성경적 교리를 카톨릭은 물론 장로교, 감리교 등 대부분의 개신교 교단들이 따르고 있기에 목사들이 때로는 예수 그리스도를 믿음으로 구원을 받는다고 했다가, 때로는 침례를 받아야 구원을 받는다고 하고 있다. 이는 성경이 말씀하시는 침례가 무엇인지를 알고 그에 따른 성경적 실행을 하지 않기 때문이다.

뿐만 아니라 개역한글판성경을 비롯한 변개된 성경에는 에디오피아 내시가 믿음을 고백하는 부분인 사도행전 8:37 전체가 삭제되어 있다. 빌립이 에디오피아 내시에게 침례를 베푼 것은 그가 믿음을 고백했기 때문이었는데, 정작 그 믿음의 고백을 기록한 37절이 없이 전후 구절을 이어붙여 읽으면 내시가 물에서 침례를 받은 뒤 구원받은 줄 알고 기뻐하며 떠났다는 말이 된다. 마치 물로 침례받는 것이 구원인 것처럼 성경이 변개된 것이다.

침례식을 하는 이유

우리가 침례를 받는 것은 그것이 주님의 명령이기 때문이다. 하나님의 말씀에 근거하지 않은 우스꽝스러운 의식을 하는 교회들이 있다. 그 한 예가 카톨릭 교회인데, 그들은 미사 중에 이상한 '주문' 을 외우고, 향로를 돌리고, 기괴한 모자를 쓴 교황이 손에 금잔을 들고 심각한 얼굴로 각종 의식을 집전하지만, 그러한 것들은 하나님의 말씀에 근거하지 않은 이교적인 의식이요 헛된 예식이다. 침례식은 하나의 형식적인 의식이 아니라 하나님 말씀에 주어진 명령이다.

마 28:18-20 『그후에 예수께서 그들에게 오셔서 일러 말씀하시기를 "하늘과 땅에 있는 모든 권세를 나에게 주셨도다."

그러므로 너희는 가서 모든 민족들을 가르치고, 아버지와 아들과 성령의 이름으로 침례를 주며 내가 너희에게 명령한 모든 것을 가르쳐 지키게 하라. 보라, 내가 세상 끝까지 너희와 항상 함께 있으리라." 고 하시더라. 아멘.』

위의 말씀은 예수 그리스도께서 승천하시기 전 제자들에게 주신 명령이다. 주님께서는 모든 민족에게 복음을 전파하고, 가르치고, 침례를 주라는 말씀을 남기셨다. 변개된 개역한글판성경은 위 구절에서 "모든 민족을 가르치고" 를 "모든 족속을 제자를 삼아" 라고 변개했다. 그 결과 오늘날 한국 교회들은 복음을 전파하는 대신 각종 프로그램을 통해 소위 '제자 삼는 일' 을 하고 있다. 그러나 성경에서 제자란 모든 것을 문자 그대로 버리고 십자가를 따라간 사람을 말하는 것으로, 제자됨이 구원받는 것은 아니다.

성도들이 해야 하는 것은 사람들에게 복음을 전해 주 예수 그리스도를 구주로 믿게 하고, 그 후에 주님의 명령에 순종하는 삶을 살도록 이끌어 주는 것이다. 개역한글판성경에서 모든 족속을 제자 삼으라고 하니 제자 삼는 일에 열중하는 한국 교회, 기독교 단체 등은 복음을 전하는 대신 행위를 우선시함으로써 정작 혼의 구원을 제대로 전하지 못하고 있다.

구원받은 자로서 보여야 하는 말씀에 따른 행위는 구원을 받은 후 성령을 따를 때에 자연적으로 나오는 것이다. 다시 말하면 구원도 받지 않고 첫 명령인 침례에도 순종하지 않은 사람이 제자가 될 수 없다. 침례는 구원받은 뒤 첫 순종으로 받는 것이기 때문이다.

침례의 의미

침례의 의미를 정확히 알기 위해 이 단어의 뜻을 살펴보자. 침례는 영어로 'baptism' 인데 이는 '잠기다' 라는 뜻의 헬라어인 '밥티조' (baptizo)를 음역한 것이다. 이 단어의 뜻을 영어로 번역하지 않고 그 음을 영어식으로 그대로 가져와 사용했다는 뜻이다. 음역의 다른 예로는 라디오, 텔레비전 등을 들 수 있다.

'밥티조' 라는 헬라어는 들어갔다가 나옴을 뜻한다. 여기서 침례식을 하는 두 번째 의미를 찾을 수 있다. 침례는 잠겼다가(죽었다가) 다시 나온(살아난) 것을 간증하는 의식이다. 침례의 의미를 성경은 다음과 같이 말씀한다.

벧전 3:21 『물은 예수 그리스도의 부활하심으로 인하여 이제 우리를 구원하는 모형이니, 곧 침례라. (이것은 육체의 더러움을 제거하는 것이 아니라 하나님을 향한 선한 양심의 응답이라.)』

위의 말씀을 통해 침례의 의미를 정리해 보자.

(1) 물, 즉 침례는 우리를 구원하는 '모형' 이라고 한 위의 말씀으로 침례가 구원이 아님을 알 수 있다.

(2) 또 성경은 침례가 육체의 더러움을 제거하는 것이 아니라고 말씀한다. 많은 교회들이 씻을 세(洗)자를 쓴 세례를 통해 죄를 씻는다고 하는 엄청난 거짓 교리를 가르치고 있다. 침례를 세례라고 번역한 개역한글판성경을 읽으면

구원이 믿음으로 받는 것이 아니라 침례(세례)와 같은 행위로써 받는 것이라고 혼동할 수밖에 없다.

(3) 또한 침례는 선한 양심의 응답이라고 말씀한다. 침례를 받아야 구원을 받는다고 가르치는 자들은 어떻게 구원받지 못한 사람이 선한 양심을 소유할 수 있는지에 대해 대답할 수 없다. 선한 양심을 갖는 것은 구원받은 자들만 가능하기 때문이다.

베드로전서 3:21을 통해서 우리는 구원받은 사람이 자신의 구원에 대한 선한 양심의 응답, 즉 신앙 고백으로서 침례에 순종하는 것을 알 수 있다. 구원받을 때 일어나는 영적인 변화의 모형으로서 침례를 받는다고 성경은 말씀하신다. 침례에 대한 또다른 관련구절을 로마서 6장에서 찾아볼 수 있다.

롬 6:1-4 『그런즉 우리가 무슨 말을 하리요? 은혜가 넘치게 하려고 죄에 거하겠느냐? 결코 그럴 수 없느니라. 죄에게 죽은 우리가 어떻게 더 이상 그 가운데 살겠느냐? 예수 그리스도 안으로 침례받은 우리가 그의 죽으심 안으로 침례받은 것을 알지 못하느냐? 그러므로 우리가 죽음 안으로 침례를 받아 그와 함께 장사되었으니 이는 아버지의 영광으로 인하여 그리스도께서 죽은 자들로부터 일으켜지심과 같이 우리도 또한 생명의 새로움 가운데서 행하게 하려 함이니라.』

위의 구절은 우리가 구원받을 때 겪는 영적 변화, 즉 주님과 함께한 죽음과 장사됨, 부활에 대한 모형으로서 침례를 받는다고 말씀한다. 아래의 구절은 이러한 영적인 변화를 더 자세히 설명한다.

롬 6:5-10 『만일 우리가 그의 죽으심의 모양으로 함께 심겨졌다면 또한 그의 부활하심의 모양과 같이 되리라. 우리가 이것을 아나니 곧 우리 옛 사람이 그와 함께 십자가에 못박힌 것은 죄의 몸을 멸하여 더 이상 우리가 죄에게 종 노릇 하지 않게 하기 위함이니라. 이는 죽은 자가 죄로부터 자유롭게 되었기 때문이라. 이제 우리가 그리스도와 함께 죽었으면 또한 그와 함께 살 줄을 믿으며 그리스도께서 죽은 자들로부터 일으켜지셔서 다시는 죽지 아니하시고 사망이 더 이상 그를 주관하지 못하는 줄 우리가 아노라. 그가 죽으심은 죄에게 단번에 죽으심이요, 그가 사심은 하나님께 사심이라.』

위의 6,7절은 구원받은 사람은 그 옛 사람이 그리스도와 함께 십자가에 못 박혀 죽었기에 죄를 지을 수 없다고 말씀한다. 혼과 몸이 분리되었기 때문에 죄에 종노릇하지 않을 수 있는 것이다. 8절은 부활에 대한 구절로 사망이 더이상 우리를 주관하지 못하고 우리가 영생하는 것을, 9-10절은 구원받은 사람이 예수 그리스도와 함께 사망의 권세를 이겼음을 말씀한다.

많은 사람들이 '침례' 하면 물 침례만을 생각한다. 그러나 로마서 6장이 말씀하는 침례는 물 침례가 아니라 영적인 침례이다. 우리가 물로 받는 침례는 새로운 피조물로 태어난 영적 변화를 나타내는 것이며 그리스도와 하나되었음을 공개적으로 고백하는 것이다.

하나님께서는 구원받은 사람이 구원받은 후에 세상에서 짐짓 그리스도인이 아닌 체하고 세상과 하나되어 사는 것을 원하지 않으신다. 구원을 받았다면 "나는 새로운 피조물이 되었다" 는 고백을 공개적으로 하기를 원하신다.

『이와 같이 너희도 너희 자신을 정녕 죄에게는 죽은 자요, 예수 그리스도 우리 주로 말미암아 하나님께는 산 자로 여기라.』(롬 6:11)는 말씀은 구원받은 자에게 새로운 피조물로서 예수 그리스도를 위해서 살라고 명령한다. 이는 죄에는 죽고 하나님의 뜻에 따라 사는 삶을 말한다.

구원받기 위한 조건이 아닌 침례

고전 1:13-17 『그리스도께서 나뉘시느냐? 바울이 너희를 위하여 십자가에 못박혔더냐? 아니면 너희가 바울의 이름으로 침례를 받았더냐? 내가 하나님께 감사하는 것은 내가 크리스포와 가이오 외에는 너희 가운데 아무에게도 침례를 주지 아니하였음이라. 이는 아무도 내가 내 이름으로 침례를 주었다고 말하지 못하게 하려 함이라. 또 내가 스테파나의 가족에게도 침례를 주었으나 그 외에는 어느 누구에게도 침례를 주었는지 알지 못하노라. 그리스도께서 침례를 주게 하려고 나를 보내신 것이 아니라 복음을 전하게 하려고 보내셨노라. 말의 지혜로 아니함은 그리스도의 십자가가 헛되지 않게 하려 함이라.』

위 구절에 따르면 침례는 구원받기 위한 조건이 결코 아니다. 고린도 교회에 분열이 생겨 바울, 아폴로, 게바, 그리스도파로 나뉘었을 때, 사도 바울은 자신이 복음을 전하도록 보내심을 받았지 침례를 주도록 부르심을 받은 것이 아니라고 설명했다. 17절은 침례로 구원을 받는 것이 아니라 복음을 받아들이는 것이 구원받는 것임을 말씀한다.

복음을 전파한 사도 바울은 침례가 구원함을 주는 것이었다면 각 서신서에서 침례에 대해 이야기했을 것이다. 그러나 침례로 구원받는 것이 아니기 때문에 고린도전서 1장에서 몇몇 사람 외에는 어느 누구에게도 침례를 주지 않았다고 한 것이다.

우리는 성경이 말씀하시는 침례의 교리에 귀 기울여야 한다. 성경은 침례에 의한 거듭남이라든지 '유아세례' 를 말씀하지 않는데도 현재의 많은 교회들은 유아세례를 주어야 한다고 가르치며, 카톨릭 교회는 유아세례를 받지 않은 어린아이는 지옥에 간다고 가르친다. 이는 무시무시한 이단 교리이며, 하나님의 말씀은 결코 그렇게 말씀하지 않는다. 성경의 교리가 아니라면 이 교리는 어디에서 나왔겠는가.

우리가 성경이 말씀하는 대로 믿고 실행하지 않는다면 그 다음 수순은 마귀의 도구가 되는 것이며, 그로 인해 수많은 사람을 멸망으로 인도하게 되는 것이다.

구원받은 자가 받는 침례

행 8:34-39 『그 내시가 빌립에게 대답하여 말하기를 "당신께 부탁하노니 선지자의 이 말은 누구에 관한 것이뇨? 자신이뇨, 아니면 다른 사람이뇨?" 하니 빌립이 입을 열어 이 성경에서 시작하여 그에게 예수를 전하니라. 그리하여 그들이 길을 따라가다가 물이 있는 곳에 이르자 그 내시가 말하기를 "보라, 여기 물이 있도다. 내가 침례를 받는 데 무슨 거침이 있느뇨?" 라고 하니 빌립이 말하기를 "만일 당신이 마음을 다하여 믿으면 합당하니라." 고 하니 그가 대답하여 말하기를 "나는 예수 그리스도가 하나님의 아들이신 것을 믿나이다." 라고 하더라. 그리고 나서 그가 마차를 세우라고 명한 다음 빌립과 내시가 둘 다 물로 내려가서 빌립이 그에게 침례를 주니라. 그들이 물 속에서 올라오자 주의 영이 빌립을 데려가시니 그 내시가 그를 다시 보지 못하더라. 그러나 그는 기뻐하며 자기 길을 가더라.』

위의 말씀은 에디오피아 내시가 이방인으로서 최초로 구원을 받는 장면인데, 이를 통해 구원과 침례에 대해 명확하게 알 수 있다.

(1) 구원을 어떻게 받는 것인지 알 수 있다. 35절에서 빌립은 에디오피아 내시가 읽고 있던 성경에서 시작해서 예수님을 전했고, 37절에서 빌립에게서 복음을 전해들은 내시가 "마음으로 믿고 입으로 고백" 하여 구원받은 것을 볼 수 있다.

(2) 38절에서 침례를 받는 모습을 통해 침례는 물을 뿌리는 것이 아님을 알 수 있다. 39절에서 물을 뿌리는 세례가 아니라 물 속에 들어갔다 나오는 침례를 볼 수 있다. 그런데 개역한글판성경은 믿음을 고백하는 37절 말씀을 삭제함으로써 내시가 침례를 받아 구원받고, 기뻐서 집으로 돌아가는 것으로 만들어 버렸다.

(3) 침례는 구원받자마자 받는 것임을 알 수 있다. 사도행전의 빌립보 간수와 루디아의 예를 통해서도 이를 알 수 있다.

행 16:30-33 『그리하여 그들을 데리고 나와서 말하기를 "선생님들이여, 내가 구원을 받으려면 어떻게 해야 하나이까?" 라고 하니 그들이 말하기를 "주 예수 그리스도를 믿으라. 그리하면 너와 네 집안이 구원을 받으리라." 고 하니라. 그리고 그들이 주의 말씀을 그와 그의 집 안에 있는 모든 사람에게 전하니라. 그리하여 그가 그날 밤 같은 시간에 그들을 데리고 가서 그들의 상처를 씻겨 주며 또 그와 그의 온 가족이 곧바로 침례를 받더라.』

행 16:14,15 『거기에 루디아라고 하는 여인이 있었는데 두아티라 성읍의 자주 옷감 장수로 하나님을 경배하는 여인이었으며 우리의 말을 듣더라. 주께서 그녀의 마음을 열어 바울이 말한 것에 주의를 기울이게 하시니라. 그리하여 그녀와 그녀의 집안이 침례를 받자 그녀가 간청하여 말하기를 "당신들이 저를 주께 신실한 자로 여기신다면 저의 집에 와서 머무소서." 라고 하며 우리를 강하게 붙들더라.』

성경에서 말씀하시는 침례는 죽음, 장사, 부활을 상징하는 것이며, 구원받은 이가 하나님께 보이는 첫번째 순종이자 사람들 앞에 보이는 간증이다. 침례는 구원받는 행위가 아니며, 침례의 올바른 방법은 물을 잠기는 것이지 물을 뿌리거나 붓는 것이 아니다. 또한 침례는 구약에 나오는 할례와 같이 하나님과의 언약의 증표로서 받는 것이 아니다.

5
성경공부

성경은 어떤 책인가? 창조주 하나님께서 피조물에게 필요한 진리를 제시하신 책이다. 그렇다고 하나님께서 6천 년 동안 이루신 모든 역사를 책으로 남기신 것이 아니라 피조물에게 반드시 필요한 진리들만을 제시하셨다. 6천 년간 하나님의 모든 역사하심을 성경으로 기록했다면 우리는 결코 성경을 공부할 수 없었을 것이다.

성경의 내용

(1) 성경은 창조와 창조주에 대해 말씀한다. 창조가 어떻게 시작되었으며 창조 후 피조물의 역사는 어떻게 전개되었는지, 그리고 창조주이신 하나님은 누구시며, 그분의 성품과 역사하시는 방법은 무엇인지를 말씀한다.

(2) 피조물에 대해 말씀한다. 영적 세계에 속한 존재들과 땅에 속한 피조물에 대해 계시하고 기록한다.

(3) 피조물의 죄에 대해 말씀한다. 죄의 심판과 주님의 자비와

용서, 구원의 길을 말씀한다.

(4) 피조물이 어떻게 살아야 하는지를 말씀한다.

(5) 앞으로 일어날 미래의 일들을 계시하신다.

(6) 하나님께서 미래에 영원토록 통치하실 왕국에 대해 계시하신다.

(7) 성경은 구약 39권과 신약 27권으로 되어 있다. 성경의 기록자는 모두 40명이 넘는데, 이들은 서로 다른 시대에 살았으며 서로 만난 적도 없다. 욥에서 시작해서 BC 1500년 경의 모세와 AD 90년경의 요한에 이르기까지, 이 기록자들은 2천 년이 넘는 기간 동안 서로 다른 시대에 살면서 다양한 환경과 장소에서 성경을 기록했지만, 성경은 창세기부터 요한계시록까지 기록된 내용들이 모두 연결되어 있고, 모순이 없다.

성경의 저자

딤후 3:16,17 『모든 성경은 하나님의 영감으로 주어진 것으로 교리와 책망과 바로잡음과 의로 훈육하기에 유익하니 이는 하나님의 사람이 온전하게 되며, 모든 선한 일에 철저히 구비되게 하려 함이니라.』

위의 구절은 성경이 "하나님의 영감"으로 주어졌다고 말씀한다. 물론 성경은 인간이 기록했다. 그러나 기록자인 인간의 경험,

지식, 의견에서 나온 것이 아니라 하나님의 영감으로 주어졌다고 말씀한다. 즉 성경은 성령님께서 인간을 도구로 사용하여 쓰신 책인 것이다. 16절의 "하나님의 영감으로" 라는 말씀은 하나님께서 호흡, 곧 숨을 불어넣어 주셨다는 뜻이다.

삼하 23:1,2 『이것이 다윗의 마지막 말이라. 이새의 아들 다윗이 말하였으니, 높이 올려진 사람이요 야곱의 하나님의 기름부음 받은 이인 이스라엘의 아름다운 시인이 말하였도다. "주의 영이 나를 통하여 말씀하셨으니, 그의 말씀이 내 혀에 있었도다.』

여기서 다윗이 어떻게 하나님의 말씀을 기록했는지를 볼 수 있다. 그는 "주의 영이 나를 통하여" 말씀하셨다고 하는데 이는 주님의 영이 호흡을 불어넣어 주셨다는 말이다. "하나님의 영감으로" 라는 말은 하나님께서 기록된 글자 하나하나에 호흡을 불어넣으셨다는 뜻이다.

행 1:16 『형제 여러분, 예수를 붙잡은 자들의 길잡이가 된 유다에 관하여 성령께서 다윗의 입을 통해 미리 말씀하신 이 성경이 이루어진 것은 당연하도다.』

위의 말씀에서 성령께서 다윗의 입을 통해 말씀하신 것이 성경으로 기록되었음을 알 수 있다. 사무엘하 23:1,2과 사도행전 1:16의 말씀을 통해 인간은 단지 하나님의 영께서 사용하신 도구에 불과한 것을 알 수 있다. 물론 하나님께서 각 사람의 개성과 특성 등 모든 것을 사용하셨기 때문에 성경 각권의 문체는 모두 다르다. 인간의 개성을 하나님께서 알맞게 선택하셔서 성경을 기록하신 것이다. "영감으로 주어졌다"는 것은 선지자들의 입을 통해서 성령님께서 말씀을 주셨다는 뜻으로 성경의 저자는 성령님이시다.

만일 인간이 자신의 경험으로 성경을 기록했다면 오류가 있을 수밖에 없다. 그러나 성경에는 오류가 없고 거짓 또한 없다. 많은 사람이 성경에서 오류를 찾아 성경이 하나님의 말씀인 것을 부인하려고 애쓰지만 결국은 찾지 못하고, 오히려 나중에는 성경을 믿게 되고 만다. 성경의 모든 예언은 빗나가는 일이 없이 이루어졌으며, 지금도 성취되고 있고 앞으로도 성취될 것이다. 이를 모르는 무지한 자들이 성경을 부인하고자 시도했지만 부인할 수 없었다.

성경의 순수성과 보존

시 12:6,7 『주의 말씀들은 순수한 말씀들이라. 흙 도가니에서 단련되어 일곱 번 정화된 은 같도다. 오 주여, 주께서 이 말씀들을 간수하시리니 주께서 이 세대로부터 영원토록 그것들을 보존하시리이다.』

우리가 갖고 있는 이 성경은 선지자들이 말을 한 것인데, 이것이 기록되었을 때 하나님께서 영감으로 주셨다는 말씀은, 기록하는 절차까지 간섭하시고 영감으로 오류없이 주셨음을 의미한다.

한편 하나님께서는 하나님의 말씀만을 성경에 기록하신 것이 아니다. 인간의 대화와 마귀의 발설 등 순수하지 못한 자들의 말까지도 성경은 기록하고 있다.

주님께서 자신의 말씀을 영원토록 보존하신다는 이 구절을 통해 '오늘날에는 주님의 완전한 말씀이 존재하지 않는다' 고 하는 주장은 거짓임을 알 수 있다.

영감으로 주어진 성경이 있는가 없는가는 주님께서 보존하신 바른 성경을 가졌는가 그렇지 않은가에 따라 결정된다. 성경은 여러 사람이 여러 시대에 걸쳐 서로 다른 환경에서 기록했지만 내용간에 통일성이 있고, 조화를 이루며, 모순이 없다. 그 이유는 성령 하나님 한 분께서 성경을 쓰셨기 때문이며, 그 말씀을 주님께서 영원토록 보존하시기 때문이다.

성경에 대한 비유의 말씀

엡 6:17 『또한 구원의 투구와 성령의 칼, 곧 하나님의 말씀을 가지고』

히 4:12,13 『하나님의 말씀은 살아 있고 능력이 있어 양날이 있는 어떤 칼보다도 예리하여 혼과 영, 그리고 관절과 골수를 찔러 가르고 마음의 생각들과 의도들을 판별하느니라. 그 어떤 피조물도 그분 앞에 나타나지 않는 것이 하나도 없나니, 오직 만물이 우리가 회계해야 하는 그분의 눈 앞에 벌거벗은 채로 명백히 드러나게 되느니라.』

성경은 하나님의 말씀이 성령의 칼이라고 하셨는데, 이 성령의 칼이 어떤 역할을 하는지 위의 말씀을 통해 살펴보자.

(1) 많은 자들이 '성령, 성령' 하면서 성령의 역사를 말하지만, 그들은 하나님의 말씀이 아닌 인간의 말로써 감정만 자극하는 사역을 하고 있다. 성경적으로 사역하는 목사들은 살아있는 하나님 말씀으로 설교함으로써 듣는 자들이 변화를 받을 수 있도록 한다. 이러한 변화는 하나님의 말씀이 살아있기 때문에 일어나는 것이다.

(2) 하나님의 말씀은 살아있고 능력이 있어 양날이 있는 예리한 칼이기에 보이지 않는 혼과 영을 가르신다. 우리가 구원받을 때 우리의 혼과 영은 갈라지고 우리의 영은 거듭난다.

(3) 어떻게 책 속에 기록되어 있는 글자인 하나님의 말씀이 우리 마음의 생각과 의도를 판별할 수 있는가? 답은 그분 앞에 나타나지 않은 것이 없으며, 만물이 벌거벗은 채로 명백하게 드러나게 된다는 말씀에 있다(13절). 우리가 성경을 읽을 때와 설교를 들을 때, 우리의 깊은 곳에 있는 수치스러운 죄악이 드러나는 것이다. 성경은 종이에 적혀 있는 죽은 글자가 아닌, 살아있는 말씀이다. 이러한 성경 말씀이 우리를 거듭나게 하는 것이다.

벧전 1:23 『너희가 거듭난 것은 썩어질 씨로 된 것이 아니라 썩지 아니할 씨로 된 것이니 살아 있고 영원히 거하는 하나님의 말씀으로 되었느니라.』

우리는 하나님의 말씀으로 구원받고, 하나님의 말씀으로 변화받는다.

성경을 공부해야 하는 이유

(1) 하나님의 명령이기 때문이다

딤후 2:15 『네가 진리의 말씀을 올바로 나누어 자신이 하나님 앞에 부끄럽지 않은 일꾼으로 인정받도록 공부하라.』

성경을 공부하는 것은 하나님의 명령이다. 이 말씀에 순종하지 않을 때 우리는 죄를 짓는 것이다. 변개된 성경에는 "공부하라" 는 단어가 없다. 그리고 성경을 공부하는 방법인 "올바로 나누라" 는 말씀도 삭제되었다. 변개된 성경에는 성경을 공부하라는 명령도, 공부하는 방법도 없기에 그 성경을 읽는 하나님의 말씀을 어떻게 공부해야 할지 알 수 없다. 그들이 율법 하의 구약 시대의 구원 방법인 '행위 구원' 을 가르치는 것도 그러한 이유에서이다.

(2) 영적으로 자라나야 하기 때문이다

벧전 2:1,2 『그러므로 모든 악의와 모든 속임수와 위선과 시기와 온갖 비방하는 말을 버리고 갓난 아기들로서 순수한 말씀의 젖을 사모하라. 이는 너희가 그것으로 인하여 자라게 하려 함이니라.』

구원받은 사람은 영적으로 자라나야 한다. 갓난아기가 모유를 먹고 자라듯 구원받은 사람은 영적으로 성장하기 위해 하나님의 말씀을 먹어야 한다. 구원받고 5년, 10년이 되어도 전혀 자라지 못하고 처음 구원받았을 때 모습 그대로라면 어떻겠는가? 오랫 동안 전혀 자라지 못한 갓난 아기가 보기에 흉하듯, 흉한 모습이 아니겠는가? 그런 사람은 주님의 영광을 가릴 뿐 아니라 많은 문제들을 일으키게 된다. 그렇기 때문에 구원받은 사람은 영적으로 성장하기 위해 말씀을 사모하고 공부해야 한다. 이렇게 공부를 할 때 비로소 믿음이 자라난다. "믿음은 들음에서 나오고, 들음은 하나님의 말씀에 의해서" 라고 하신 것처럼, 성경 공부를 통해서 그리스도인들은 믿음이 성장한다.

(3) 성경을 모르면 하나님의 뜻을 알 수 없어 바른 삶을 살 수 없다

시 119:105 『주의 말씀은 내 발에 등불이요, 내 길에 빛이니이다.』

하나님의 말씀은 성도에게 빛이 된다. 이 빛이 없으면 하나님의 뜻을 알 수 없어 올바로 세상을 살 수 없게 된다. 중세 암흑시대에는 천 년 동안 사람들이 성경을 읽지 못하고 갖지 못했다. 일반 신도들이 수중에 성경을 갖게 되면 교황과 신부가 말한 것을 성경 말씀에 비교하여 그들의 거짓이 탄로날 것이기 때문에 이를 철저히 막은 것이다. 말씀이 없었던 그 시대는 역사가들조차 암흑시대, 즉 빛이 없는 시대라고 부른다.

우리의 삶은 결정의 연속이며, 바른 결정을 내리지 못하면 잘못된 길로 가게 된다. 지혜를 얻고, 바른 길을 가기 위한 현명한 결정을 내리며, 죄를 짓지 않기 위해서는 성경을 공부해야 한다.

시 119:11 『주의 말씀을 내 마음에 간직하였으니 이는 내가 주께 범죄치 아니하려 함이니이다.』

말씀을 마음에 간직함으로써 범죄하지 않을 수 있고, 말씀으로 깨끗해져 죄를 짓지 않고 거룩하게 됨을 말씀한다.

엡 5:26,27 『이는 그가 교회를 말씀에 의한 물로 씻어 거룩하게 하시고 깨끗게 하사 자기 앞에 영광스러운 교회로 나타내서 점이나 주름진 것이나 또는 그러한 것들이 없이 거룩하고 흠 없게 하려 하심이니라.』

하나님의 말씀이 우리를 깨끗케 하고 죄를 짓지 않게 할 수 있다. 자신은 구원받았는데 왜 반복된 죄에 빠지는지 의문이 된다면, 답은 성경을 공부하지 않았기 때문이다.

요 15:10 『내가 나의 아버지의 계명들을 지켜서 그분의 사랑 안에 거하는 것같이 너희도 나의 계명들을 지키면 나의 사랑 안에 거하리라.』

하나님과 깊은 관계를 갖기 위해서는 주님의 사랑 안에 있어야 한다. 사랑 안에 거한다는 것은 성경의 말씀을 지킨다는 뜻이다.

요 14:23,24 『예수께서 대답하여 그에게 말씀하시기를 "나를 사랑하는 사람은 내 말들을 지키리니 그러면 나의 아버지께서 그를 사랑하실 것이며, 또 우리도 그에게 와서 우리의 거처를 그와 함께 정하리라. 나를 사랑하지 않는 자는 나의 말들을 지키지 아니하느니라. 너희가 듣는 말은 내 말이 아니요, 나를 보내신 아버지의 말씀이니라.』

하나님의 말씀을 떠나서 구원받은 사람이 할 수 있는 일은 없다. 우리가 하나님을 사랑하지 않는데 하나님께서 우리를 사랑한다는 것은 생각할 수 없는 것이다. 물론 한번 받은 구원을 영원히 잃어버리지 않는다는 관점에서 하나님께서는 끝까지 우리를 사랑하신다. 그러나 아들 된 자로서 아버지이신 하나님과의 교제는 잃을 수 있다.

누군가 하나님의 말씀을 공부하지 않는다면 그는 하나님을 사랑하지 않는 것이다. 구원받은 자에게 가장 중요한 것은 성경을 공부하는 것이다.

6
기도생활

기도의 정의

기도는 하나님과의 대화, 즉 교제로 자신의 감정, 욕구, 생각, 필요, 감사 등을 주님께 "표현" 하는 의사소통을 말한다.
기도는 어려운 것이 아니다. 자녀가 육신의 부모와 대화하는 것처럼 친근감을 가지고 대화하듯 하는 것이 기도인데, 많은 사람들이 기도를 어렵게 생각하기 때문에 기도 생활을 못하고 있다. 사람들이 대중 기도를 잘 하려면 일부러 어려운 단어를 사용하거나, 책이나 성경에서 글귀를 빌려온다든지, 또는 각종 미사여구를 중간중간에 넣어야 한다고 생각하는 것도 같은 이유에서다. 이런 생각을 가지면 기도하기가 힘들어지고, 남에게 보여주기 위한 형식적인 기도를 하게 된다.

또 많은 사람들이 기도란 주님께 자신이 필요한 것만을 요구하는 것이라고 생각하지만, 이는 잘못된 생각이다. 이는 육신의 아버지와 대화하는 자녀가 아버지 앞에서 늘 자신의 요구만 이야기하지 않는 것과 마찬가지다. 기도는 자신의 모든 생활과 문제에 대해 주님과 대화하는 것이다. 육신의 아버지도 자녀가 와서 모든 것을 솔직하게 이야기할 때 흐뭇하고 자녀를 사랑스러워하듯, 자신의 기쁨과 고난 등 모든 것을 기도로써 주님과 대화하는 성도는 하나님 아버지께 기쁨을 드리고 그분을 경배하는 것이다.

퍼스트(First) 박사라는 사람은 "성령의 능력 안에서 예수 그리스도의 이름으로 아버지께 드리는 경배" 라는 말로 기도를 정의했다. 그의 말대로 기도는 하나님과 직접 교제하고 소통하는 것이다. 그러면 성경은 기도에 대해 어떻게 말씀하시는지 살펴보자.

엡 6:18 『모든 기도와 간구로 항상 성령 안에서 기도하고 이를 위하여 모든 성도들을 위해 모든 인내와 간구로 깨어 있으라.』

구원받은 사람 안에 계시는 성령님은 우리가 하나님께 기도드릴 때 우리를 인도해 주신다. 우리가 무엇을 기도해야 할지 모를 때에도 성령님께서 우리가 생각해야 할 것을 알려 주시고, 그것을 위해 기도할 수 있도록 인도해 주신다.

기도의 이유

(1) 기도는 누구에게 하는 것인가?

요 15:16 『너희가 나를 선택한 것이 아니요 내가 너희를 선택하여 임명하였나니 이는 너희로 가서 열매를 맺게 하고 너희 열매가 남아 있어 너희가 나의 이름으로 아버지께 구하는 것은 무엇이든지 그분께서 너희에게 주시게 하려는 것이니라.』

바른 기도는 성령 안에서 예수 그리스도의 이름으로 하나님 아버지께 하는 것이다. 위 이 구절은 예수 그리스도께서 우리와 하나님 아버지 사이를 중보하셔서 우리가 하나님께 나아갈 수 있게 해 주신다고 말씀한다. 이 말씀은 우리가 예수 그리스도의 공로로써 하나님께 나아갈 수 있다는 것이다. 우리가 드리는 기도에 세 분 하나님께서 역사하시는 것을 알 수 있다(성령 안에서 예수 그리스도의 이름으로 하나님 아버지께 기도함).

(2) 왜 기도해야 하는가?

딤전 2:8 『그러므로 나는 남자들이 성냄과 주저함이 없이, 어디서나 거룩한 손들을 들고 기도하기를 바라노라.』

이 말씀에서 기도는 특정한 장소에 구애받지 않고 어디서나 하는 것임을 알 수 있다. 『쉬지 말고 기도하라』(살전 5:17)는 말씀은 기도가 언제 어느 곳에서나 하는 것임을 가르쳐 주신다. 항상, 쉬지 말고 기도하라는 명령에 순종함으로써 기도가 우리 생활의 한 부분이 되어야 한다.

기도의 요소

성경이 말씀하는 기도의 요소를 통해 어떻게 기도해야 하는지를 배울 수 있다.

(1) 찬양을 드린다. 우리는 기도 중에 주님의 위대하심을 찬양할 수 있다. 여기서 찬양이란 주님의 위대하심과 거룩하심, 풍성하신 자비와 은혜를 높여드리는 것이다.

시 95:6 『오, 오라, 우리가 경배하며 절하자. 우리가 우리를 만드신 주 앞에 무릎을 꿇자.』

(2) 감사를 드린다. 우리 각자는 주님께 감사드릴 것이 너무나 많다. 주님께서는 우리에게 영원한 생명을 주셨을 뿐 아니라 가족을 건강하고 평안하게 지켜 주시고 그밖의 우리의 모든 필요를 채워 주신다.

딤전 2:1 『그러므로 내가 무엇보다도 먼저 권하노니, 모든 사람을 위하여 간구와 기도와 중보와 감사를 하되』

빌 4:6 『아무것도 염려하지 말고 다만 모든 일에 기도와 간구로 너희의 구하는 것들을 감사함으로 하나님께 알려지게 하라.』

위의 두 말씀에서 우리는 기도의 종류를 발견하게 된다. 간구는 필요한 것을 구하는 것이고 중보는 다른 사람을 위해 기도하는 것이다. 다른 이들을 위해 중보 기도를 함으로써 다른 사람을 사랑할 수 있게 된다. 남을 생각하고 걱정하지 않으면 중보 기도는 할 수 없기 때문이다.

시 32:5 『내가 내 죄를 주께 시인하고 내 죄악을 숨기지 아니하였나이다. 내가 말하기를 "내가 내 죄과들을 주께 자백하리이다." 하였더니 주께서 내 죄의 악을 용서하셨나이다. 셀라.』

하나님과의 관계에 있어 우리에게 죄가 있으면 하나님께서 기도를 들어 주시지 않는다. 그래서 먼저 죄를 자백해야 한다. 주님과의 관계 회복이 없을 때 우리의 기도는 응답받지 못한다.

정리하면, 기도를 구성하는 요소에는 찬양, 감사, 간구, 중보, 자백이 있다. 우리가 하나님께 기도를 드릴 때, 하나님께서 우리 마음 속에 주님의 음성을 들려주심도 알았다. 하나님께서는 우리가 기도할 때 우리에게 생각과 지혜를 넣어 주시는데, 대부분 하나님 말씀으로 대답을 주신다. 성도는 하나님의 말씀을 알아야 하고, 말씀과 기도가 곧 하나님과의 교제가 된다.

현재 많은 교회의 기도 모습

우리는 우리 주변에 "주십시오, 주십시오," "믿습니다, 믿습니다" 하며 반복하여 기도하는 사람들을 많이 본다. 이것은 실제로 믿지 못하기 때문에 하는 말들이다. 우리가 부모님을 앞에 두고 이렇게 "믿습니다, 믿습니다," "주십시오, 주십시오"를 반복하면 어떻게 되겠는가? 들어 주시지 않는 것은 당연하고 질책을 들을 것이다.

한 예로 카톨릭에서 죽은 자를 위해서 염불 외우듯 "연옥에 가지 않게, 지옥에 가지 않고 천국 가게" 해 달라며 반복해서 구하는 것은 주님의 말씀에 정면으로 위배되는 것이다.

마 6:6,7 『그러나 너는 기도할 때에 네 골방에 들어가 방문을 닫고 은밀히 계신 네 아버지께 기도하라. 그러면 은밀히 보시는 네 아버지께서 너에게 드러나게 갚아 주시리라. 너희는 기도할 때에 이교도들이 하는 것처럼 헛된 반복을 하지 말라. 이는 그들이 말을 많이 하여야 들으리라 생각함이라.』

기도의 대상과 방법

(1) 기도의 대상을 알고 기도하라

히 4:15,16 『이는 우리의 대제사장은 우리의 연약함을 동정할 수 없는 분이 아니요, 모든 점에서 우리와 마찬가지로 시험을 받으셨지만 죄는 없으신 분이기 때문이라. 그러므로 우리가 은혜의 보좌로 담대히 나아가자. 이는 우리가 자비를 얻고 필요한 때에

도우시는 은혜를 발견하기 위함이라.』

기도는 뜬 구름 잡듯 허망한 것을 구하는 것이 아니다. 우리가 기도하는 대상은 하나님 아버지이며, 우리가 주님 앞에 직접 나아가 간구할 때 주님께서는 우리의 기도를 들어주신다. 우리는 하나님의 자녀이기에 어떠한 절차나 과정이 필요없이 직접 하나님 아버지께 담대히 나갈 수 있는 것이다.

기도는 보이지 않는 분과 하는 대화지만, 주님께서 즉각적으로 들어 주시는 것을 성경을 통해서 알 수 있다. 베드로가 물에 빠졌을 때 응답이 즉각적이지 않았으면 어떻게 되었겠는가?

히 11:6 『그러나 믿음이 없이는 하나님을 기쁘시게 할 수 없나니, 하나님께 나아가는 자는 그분이 존재하시는 것과 그분이 자기를 열심히 찾는 자들에게 보상하는 분이심을 마땅히 믿어야 하느니라.』

이 말씀은 주님이 정말 존재하시는지 그렇지 않는지를 모르면 기도가 될 수 없다는 말씀이다. 또한 열심히 찾는 자들에게 보상하신다는 말씀은, 자신이 기도하는 것을 주님께서 들으시는 것을 알고 주님을 찾을 때 주님께서 합당한 보상을 주신다는 뜻이다. 이러한 두 가지 믿음이 없을 때는 기도가 될 수 없다.

(2) 기도의 방법

기도는 자신의 욕심대로 하는 것이 아니다. 기도를 통해 하나님을 움직이거나 하나님의 마음을 바꾸려 하는 것은 잘못된 것이고, 하나님을 가르치려는 듯이 하는 기도는 잘못된 기도이다. 어떤 이들은 기도할 때 "하나님께서 이렇게 하셨으니 우리에게도 이렇게 해 주소서" 라고 자기의 주장만 한다.

자신이 기도하는 것이 하나님의 뜻과 반대될 때, 하나님의 뜻에 맞추어 기도하는 것을 배워야 한다. 만약 하나님의 뜻과 상관이 없는 것이 하나님의 허락하심으로 이루어졌다 할지라도 그 결과는 저주로 나타난다. 이스라엘이 신정통치를 거부하고 왕을 달라고 했을 때 하나님께서는 사울을 주셨으나 그 결과는 저주로 이어졌다. 우리는 예수 그리스도와 사도 바울이 하나님의 뜻에 따라서 한 기도를 배워야 한다.

눅 22:42 『말씀하시기를 "아버지시여, 원하시면 이 잔을 내게서 옮겨 주옵소서. 그러나 내 뜻대로 하지 마옵시고 아버지의 뜻대로 하옵소서." 라고 하시더라.』

고후 12:8,9 『이를 위하여 세 번이나 그것을 내게서 제거해 달라고 주께 간구하였는데 주께서 내게 말씀하시기를 "내 은혜가 네게 충분하도다. 이는 내 능력이 약한 데서 온전하게 됨이니라." 고 하셨느니라. 그러므로 내가 오히려 매우 기쁘게 나의 약한 것들을 자랑하리니 이는 그리스도의 능력이 내게 거하게 하려 함이라.』

예수님께서는 세 번에 걸쳐 하나님께 기도하셨으나 하나님의 뜻대로 구하셨고, 사도 바울도 육신의 질병을 위해 기도했으나 고쳐 주시는 것이 주님의 뜻이 아니었음을 안 뒤에는 이를 기쁨으로 받아들였다. 우리는 여기서 주님의 뜻대로 하는 기도를 배워야 한다. 우리가 원하는 대로 모든 것을 다 했다가는 하나님의 뜻과 반대되는 일을 하게 되어 망하는 것이다.

한편 기도하는 자가 가져야 할 태도는 성경에 나오는 재판관과 과부의 비유, 끈질기게 간청하는 자의 비유에서 배울 수 있다.

눅 18:1-8 『그때 주께서는, 사람들이 항상 기도하고 낙심하지 말아야 할 것을 하나의 비유로 그들에게 말씀하셨는데 이르시기를 "어떤 성읍에 하나님을 두려워하지도 않고 사람도 무시하는 한 재판관이 있었으며 또 그 성읍에는 한 과부가 있었는데, 그 여인이 그에게 와서 말하기를 '내 원수에게 나의 원한을 갚아 주소서.' 라고 하더라. 그 재판관이 얼마 동안은 듣지 아니하다가, 그 후 속으로 말하기를 '나는 하나님을 두려워하지도 않고 사람도 무시하지만, 이 과부가 나를 귀찮게 하므로 내가 그녀의 원한을 갚아 주리라. 그렇지 않으면 그 여인이 계속 와서 나를 귀찮게 하리라.' 하였느니라." 고 하시며 또 주께서 말씀하시기를 "그 불의한 재판관이 말한 것을 들으라. 하나님께서 자신에게 밤낮 부르짖는 자신이 선택하신 사람들의 원한을 갚아 주시지 않고, 그들에게 오래 참고만 계시겠느냐? 내가 너희에게 말하노니 하나님께서는 그들의 원한을 속히 갚아 주시리라. 그러나 인자가 올 때 그가 세상에서 믿음을 찾아볼 수 있겠느냐?” 고 하시더라.』

눅 11:5–8 『또 주께서 그들에게 말씀하시기를 “너희 중 어떤 사람에게 친구가 있는데 한밤중에 그에게 가서 말하기를 ‘친구여, 빵 세 덩어리만 빌려주게. 내 친구가 여행 중에 나에게 왔는데 나에게는 그를 대접할 것이 아무것도 없네.’ 라고 하겠느냐? 그러면 그가 안에서 대답하여 말하기를 ‘나를 귀찮게 하지 말게. 이미 문이 닫혔고 내 자식들도 나와 함께 잠자리에 들어서 자네에게 빵을 주려고 일어날 수가 없네.’ 라고 하리라. 내가 너희에게 말하노니 그 사람이 자기의 친구라는 이유만으로는 일어나서 주지 않겠지만 끈질긴 간청 때문에 일어나서 필요한 만큼 그에게 주리라.』

하나님의 뜻에 합당한 것이라면 우리는 계속해서 기도해야 한다. 이 구절에서 사람을 구원하기 위한 바른 기도는 주님께서 들어주심을 알 수 있다.

기도의 방해 요소

때로 ‘이 기도는 하나님 뜻인 것 같은데 왜 안 이루어질까?’ 할 때가 있다. 기도의 응답이 없는 이유들에 대해 성경은 다음과 같이 말씀한다.

(1) 자백하지 않는 죄가 있을 때 기도의 응답을 받을 수 없다.

사 59:1,2 『보라, 주의 손이 짧아서 구원하지 못하심도 아니요, 그의 귀가 둔하여 듣지 못하심도 아니라. 오직 너희 죄악들이 너희와 너희 하나님 사이를 나누었고 너희 죄들이 그의 얼굴을 너희로부터 가렸기에 그가 듣지 아니하심이라.』

(2) 남자들의 경우 기도를 하고자 애를 써도 아내와 불화가 있을 때 기도가 막히고 기도의 응답이 없다. 아내와의 관계에 문제가 있을 때 남편은 아내를 지식에 따라 이해해야 한다고 성경은 말씀한다.

벧전 3:7 『이와 같이 너희 남편들아, 아내들을 더 연약한 그릇으로서 또 생명의 은혜를 함께 상속받을 자로서 귀히 여기되, 지식을 따라 그들과 동거하라. 이는 너희의 기도가 막히지 않게 하려 함이니라.』

(3) 하나님께 구하지 않고 자신의 힘으로 하려 하기 때문에 응답이 없으며, 정욕을 위해 구하기에 응답이 없다.

약 4:2,3 『너희가 갈망하여도 얻지 못하고, 너희가 살인하고 갖고자 열망하여도 얻을 수 없으며, 너희가 다투고 싸워도 얻지 못하니 이는 너희가 구하지 않기 때문이라. 구하여도 받지 못함은 너희 정욕에다 쓰려고 잘못 구하기 때문이라.』

(4) 의심하지 않고 기도해야 한다. 하나님께 기도드릴 때 두 마음을 갖고 기도하지 말아야 하며, 의심할 때는 응답을 받지 못한다.

약 1:6 『오직 믿음으로 구하고 아무것도 의심하지 말라. 의심하는 자는 마치 바람에 밀려 요동하는 바다 물결과 같으니』

(5) 하나님의 말씀을 거절할 때 기도의 응답이 없다. 우리는 마땅히 하나님의 말씀에 순종해야 하지만, 말씀을 듣지 않고 외면하면 기도의 응답을 받지 못한다.

잠 28:9 『율법을 듣는 데서 귀를 돌이키는 자는 그의 기도마저도 가증한 것이 되리라.』

기도의 결과

(1) 평강을 주신다. 바른 기도를 할 때 하나님께서는 우리에게 평강을 주신다.

빌 4:6,7 『아무것도 염려하지 말고 다만 모든 일에 기도와 간구로 너희의 구하는 것들을 감사함으로 하나님께 알려지게 하라. 그리하면 모든 지각을 초월하시는 하나님의 평강이 그리스도 예수 안에서 너희의 마음과 생각을 지키시리라.』

(2) 하나님께 영광을 돌릴 수 있다. 우리는 하나님과의 관계가 가까워져야 하며, 이때 하나님께 영광을 돌릴 수 있는 것이다.

시 50:15 『고난의 날에 나를 부르라. 내가 너를 구해 낼 것이요, 너는 나를 영화롭게 하리라.』

하나님께서는 YES, NO, WAIT, 3가지로 우리의 기도에 응답을 하신다. 하나님이 보시기에 우리들이 알지 못하는 환경이나 그 밖에 필요한 것이 있기 때문에, 하나님께서 응답을 늦추거나 NO 하기도 하시는 것이다. 하나님께서 NO 하시는 예를 우리는 예수님과 바울의 기도의 예에서 보았다. 이처럼 주님께 드리는 기도는 주님의 뜻 가운데 해야 한다고 성경은 말씀하신다.

질병이나 물질 등 모든 문제를 기도만 하면 무조건 다 들어주신다고 말하는 자들은 속이는 자들이며 하나님의 종들이 아니다. 그들은 거짓말을 통해 자신의 배를 채우는 거짓 목사들이다. 구원받고 거듭난 사람은 하나님의 뜻 가운데서 위의 말씀대로 바른 기도를 해야 한다.

7
헌금

헌금의 헌자는 바칠 헌(獻)으로, 헌금이란 말 그대로 드리는 것을 뜻한다. 헌금은 그리스도인이 하나님께 마땅히 드려야 할 감사이며, 이를 통해 하나님의 사역에 동참하고 지원하는 것이다. 그러나 오늘날 대부분의 교회가 헌금에 대해 잘못 가르치고 실행하기 때문에 헌금과 관련된 문제는 믿지 않는 자들이 믿음을 거부하는 원인이 되고 있으며, 교회 내에서는 분열이 일어나고 교인들이 교회를 떠나는 원인이 되고 있다.

헌금은 매우 성경적인 것이며, 성경은 드리는 대상과 방법, 동기를 정확히 말씀하고 있다. 그러나 오늘날 수많은 거짓 목사들은 교인들에게 헌금을 강요하고, 헌금한 사람과 금액을 공개적으로 발표하거나 주보와 게시판에 기재하기도 한다. 설교 시간에는 헌금을 하는 자는 복을 받고 헌금을 하지 않는 자는 저주를 받는다고 겁을 줌으로써 경제적 능력이 안 되어서 헌금을 할 능력이 없는 사람이나 어렵게 사는 노약자에게도 작정 헌금을 하게 만드는가 하면, 작정 헌금에 동참하지 않으면 '하나님의 복을 받지 못한다' '믿음이 없다' 고 하며 무지한 교인들을 속이고 있다. 이들은 더 나아가 정해진 금액의 헌금을 받고 장로, 권사 등 교회 직분을 팔고 있다.

이번 과에서는 헌금에 대해 성경이 가르치는 바는 무엇이며 그리스도인이 어떻게 드리는 삶을 살아야 하는지를 다루려 한다.

구약의 헌금

대하 31:11,12 『그때 히스키야가 주의 전에 방들을 예비하라고 명하니 그들이 방들을 예비하여 예물들과 십일조들과 신실하게 헌납된 것들을 가져왔더라. 레위인 코노냐가 그것들의 주관자가 되고 그의 형제 시므이가 그 다음이 되었으며』

위 구절에서 말씀하듯 "예물들과 십일조들과 신실하게 헌납된 것들" 을 가져와 주님께 드리는 것이 십일조(tithes)와 헌금(offerings)을 드리는 것이다. 먼저 십일조에 대해 성경이 어떻게 말씀하시는지 아래 구절들을 통해 살펴보자.

(1) 십일조는 율법시대 이전에도 있었다. 어떤 이들은 십일조가 율법시대에만 국한된 것으로 알고 오늘날 교회시대에는 십일조를 드리지 않아도 되는 것이라고 생각하지만, 십일조가 성경에서 제일 처음 나오는 곳은 율법이 주어진 때보다 훨씬 전인 창세기이다.

창 14:17-20 『아브람이 크돌라오멜과 그와 함께한 왕들을 쳐부수고 돌아온 후, 소돔 왕이 왕의 골짜기인 사웨 골짜기에서 그를 맞이하러 나왔으며, 살렘 왕 멜키세덱이 빵과 포도주를 가지고 나왔으니, 그는 지극히 높으신 하나님의 제사장이었더라. 그가 아브람을 축복하며 말하기를 "하늘과 땅의 소유주이신 지극히 높으신 하나님의 아브람을 복 주시옵소서. 너의 원수들을 네 손에 넘겨주신 지극히 높으신 하나님을 송축하라." 하니, 아브람이 모든 것의 십일조를 그에게 드리더라.』

아브람이 살렘 왕인 하나님의 제사장 멜키세덱에게 십일조를 드리는 것을 보면서 우리는 십일조가 율법시대 이전에 있었던 것을 알 수 있다.

창 28:20-22 『야곱이 서원하여 말하기를 "만일 하나님께서 나와 함께 계시며, 내가 가는 이 길에서 나를 지켜 주시고, 먹을 양식과 입을 옷을 주시어서, 나로 평안히 내 아버지 집에 다시 오게 하신다면, 그때에는 주께서 나의 하나님이 되실 것이요, 내가 기둥으로 세운 이 돌이 하나님의 전이 될 것이며, 주께서 내게 주실 모든 것에서 내가 반드시 십분의 일을 주께 드리겠나이다." 하였더라.』

위 22절 후반부는 "주께서 내게 주신 모든 것에서…십분의 일"을 주께 드리겠다고 야곱이 서원하는 모습이다. 이 십일조를 하나님께서는 자기의 것이라고 말씀하시는데, 아래에서는 율법시대에 하나님께서 십일조에 대해 어떻게 명령하셨는지를 살펴보려 한다.

(2) 십일조는 주님의 것이다.

레 27:30-34 『땅의 모든 십일조는 그것이 땅의 씨앗이든 나무의 열매이든 주의 것이니, 그것은 주께 거룩한 것이니라. 어떤 사람이 어떻게든지 자기의 십일조들 중 어떤 것을 다시 사려면, 그는 거기에다 오분의 일을 더할지니라. 소떼나 양떼의 십일조에 관해서는, 막대기 아래로 통과하는 것이 무엇이든지 열 번째 것은 주께 거룩한 것이니 그것이 좋은지 나쁜지 살피지 말고 바꾸지 말지니라. 만일 그가 어떻게든지 그것을 바꾸면 이것과 바꾼 것 둘 다 거룩하리니, 다시 사지 못할 것이니라.' 하라." 하시니라. 이것들이 주께서 시내 산에서 이스라엘 자손을 위하여 모세에게 명령하신 계명들이니라.』

위 구절은 땅의 모든 십일조는 주님의 것이며 거룩한 것이라고 말씀하신다. 또 민수기 18장에서는 이스라엘 열 한 지파의 십일조가 레위 지파의 보수가 되고, 레위 지파가 받은 것의 십분의 일을 다시 주께 드리라고 하는 데서 십일조는 주님의 것임을 지속적으로 말씀하신다.

민 18:25-32 『주께서 모세에게 일러 말씀하시기를 "레위인들에게 이같이 일러 그들에게 말할지니 '내가 너희의 유업을 위하여 그들로부터 너희에게 준 십일조를 너희가 이스라엘 자손에게서 받으면, 너희는 그 중에서 곧 그 십일조의 십분의 일을 주를 위하여 들어올리는 제물로 바칠지니라. 너희의 들어올리는 이 제물은 너희에게 마치 타작마당의 곡식과 포도즙틀에 충만한 것같이 여겨질 것이니라. 이같이 너희는 또한 이스라엘 자손에게서 받는 너희의 모든 십일조 중에서 주께 들어올리는 제물로 바칠 것이며 너희는 주의 들어올리는 제물을 제사장 아론에게 줄지니라. 너희의 모든 예물 가운데서 너희는 주의 모든 들어올리는 제물로 드리되, 가장 좋은 모든 것, 즉 그 중에서도 거룩한 부분을 드릴지니라.' 하라. 그러므로 너는 그들에게 말할지니, '너희가 그 중에서 가장 좋은 것을 들어올렸다면, 그것은 레위인들에게는 타작마당의 수확물과 포도즙틀의 수확물처럼 여겨질 것이니라. 너희와 너희 가족들은 그것을 어디서나 먹을지니, 이는 그것이 회중의 성막에서 수행하는 너희의 봉사를 위한 보수임이니라. 너희는 그 중에서 가장 좋은 것을 들어올렸을 때 너희는 그로 인하여 죄를 담당하지 말 것이요, 너희는 이스라엘 자손의 거룩한 것들을 더럽히지도 말지니, 그리하면 너희가 죽지 아니하리라.' 하라." 하시니라.』

주님께서는 이렇게 이스라엘 백성에게 십일조에 대해 명령하셨다. 구약의 맨 마지막 장은 하나님의 백성이 십일조에 대해 책망받는 말씀이 나온다.

말 3:7-10 『너희 조상의 날들로부터 너희는 나의 율례들에서 떠나 그것들을 지키지 아니하였느니라. 내게로 돌아오라. 그리하면 나도 너희에게로 돌아가리라. 만군의 주가 말하노라. 그러나 너희는 말하기를 "우리가 어디로 돌아가리이까?" 하였도다. 사람이 하나님의 것을 도둑질하겠느냐? 그러나 너희는 내 것을 도둑질하였도다. 그래도 너희는 말하기를 "우리가 어떻게 주의 것을 도둑질하였나이까?" 하니, 십일조와 제물들이라. 너희가 저주로 저주를 받았으니, 이는 너희, 곧 이 온 민족이 나의 것을 도둑질하였음이라. 만군의 주가 말하노니, 너희는 모든 십일조를 창고에 들여와 내 집에 식량이 있게 하고, 이제 그것으로 나를 시험하여 내가 하늘의 창문들을 열어 너희에게 복을 부어 주지 않나 보라. 그것을 받을 만한 충분한 장소가 없으리라.』

요약하면, 십일조는 주님의 것이며 이것을 주님께 드리지 않을 때 저주를 받는다. 이렇듯 율법시대에는 주님께서 십일조를 받으시고 주님께 드린 자들에게 복을 주신 것을 알 수 있다.

신약의 헌금

십일조는 율법시대에만 국한된 것이 아니라 신약시대에도 드리는 것이다. 지금 우리는 율법시대를 지나 신약시대에 살고 있다. 앞서 말했듯 신약시대에서 십일조를 해야 하는지 그렇지 않은지에 대해 논란이 있지만, 율법이 주어지기 전인 아브람과 야곱 시대에도 십일조가 있었음을 성경을 통해 살펴보았다. 아브라함과 야곱은 율법 아래 있었던 사람들이 아니고 하나님의 '은혜'로 재물의 복을 받은 자들이었다. 이로써 십일조가 오직 율법시대에만 해당되는 것이 아님을 알 수 있다.

우리는 예수 그리스도의 보혈로 죄 사함을 받고 율법의 저주에서 벗어나 하나님의 사랑의 법칙에 의해 신약 교회시대를 살고 있다. 구약은 우리에게 '교훈과 본보기와 권면'으로 주신 말씀이며, 십일조를 하지 말라는 것이 아니다.

신약시대에 우리가 십일조를 드리는 동기는 구약의 저주를 피하기 위한 것이 아니다. 예수 그리스도께서 우리를 위해 죽으셨기 때문에 주님을 사랑해서 드리는 것이다. 즉 율법시대와 지금은 주님께 드리는 동기가 다르다.

고후 8:8,9 『나는 명령으로 말하지 않으며 다만 다른 사람들의 열성을 통하여 너희 사랑의 진지함을 증명하려는 것이라. 너희가 우리 주 예수 그리스도의 은혜를 알거니와 부요하신 분이 너희를 위하여 가난하게 되신 것은 그의 가난함으로 인하여 너희를 부요하게 되도록 하심이라.』

재물은 이 세상을 살면서 반드시 필요한 것이며, 그렇기 때문에 하나님께서는 성경에 재물에 대한 말씀을 많이 주셨다. 위 구절은 사도 바울이 지역 교회들에게 드림에 대해 주는 말씀으로, '너희가 예수 그리스도를 사랑하고, 예수 그리스도의 은혜에 감사한다면 그것을 증명하라' 고 말씀한다.

많은 사람들이 하나님께 드리는 것에 대해 "물질로 드리는 것은 우리의 믿음과 상관이 없다" 고 한다. 그러나 전자와 후자는 절대적으로 상관이 있다. 우리는 기복 신앙과 은사주의를 표방하는 교회들에서 가르치는 것처럼 하나님께 드림으로 몇 만 배를 돌려받기 위한 불순한 동기에서가 아니고, 또 카톨릭과 같이 율법의 저주를 피하기 위한 행위로서가 아니라, 성경적으로 진실로 주님을 사랑하기 때문에 드려야 한다.

"물질로 드리는 것이 우리의 믿음과 상관없다" 는 말은 변명에 지나지 않는다. 그런 말을 하는 사람의 마음 깊은 곳을 살펴보면 그 사람은 그만큼 주님을 사랑하지 않는 것이다. 문제는 거짓 목사들이 이것을 역이용해서 "하나님을 사랑한다면 돈을 내라" 고 종용하고 안 내면 저주받는다며 자신의 배를 채우고 있는 점이다. 이 때문에 성경적으로 믿고 가르치는 목사들이 십일조와 헌금에 대해 성경적으로 가르칠 때 오해를 받지만, 그렇다 할지라도 우리는 성경이 가르치는 대로 해야 하는 것이다.

은혜로 구원받은 우리는 감사와 기쁨과 사랑으로, 헌신된 마음으로 십일조와 헌금을 드려야 하며, 드리는 동기가 구약과 다를 뿐이지 신약시대에는 십일조를 하지 말라는 것은 성경의 가르침이 아니다.

헌금을 드리는 방법

고후 9:7,8 『각 사람은 미리 마음속에 정한 대로 할 것이요, 인색함이나 억지로는 하지 말아야 하리니 이는 하나님께서는 기쁨으로 드리는 자를 사랑하심이니라. 하나님께서는 너희에게 모든 은혜를 넘치게 하실 수 있나니 모든 것을 언제나 너희가 필요한 대로 가질 수 있게 하심으로 모든 선한 일에 넘치게 하시려는 것이라.』

신약시대에서 드리는 것에 대해 '은사' (gift)라는 단어가 사용된다. 또 다른 단어는 '은혜' 인데, 우리에게 은혜가 있어야만 하나님께 물질을 드릴 수 있고 남을 도와줄 수 있다.

(1) 마음속에 정한 대로 헌금과 십일조를 드려야 한다. 한 예로 "내 수입이 4만 달러이니 4천 달러는 주님의 것이다" 라고 정하고, 그밖에 선교헌금과 기타 사역을 위한 헌금을 드릴 것을 마음속에 정해야 한다.
수입을 논할 때도 세금 빼고, 제반 비용을 뺀 나머지가 아니라 "모든 것" 이라 말씀하신 대로 우리가 받은 모든 것의 십분의 일을 마음에 정하는 것이다. 이렇게 마음속에 정하지 않는다면 올바로 하나님께 드릴 수 없다.

(2) 인색함이나 억지로 하지 말아야 한다. 하나님께 드리는 것이 아까워서 '하나님께 드리는 돈으로 내가 이런 저런 것을 할 수 있을 텐데…' 하는 마음으로 10퍼센트를 5퍼센트로 한다든지, 선교 헌금이나 그밖의 사역의 비용

은 '나와는 상관없다' 는 식의 인색함이나 억지로는 하지 말라는 말씀이다.

(3) 기쁨으로 드려야 한다. '하나님께서 나를 번성하게 하시고 나의 필요를 채워 주셨으니, 이 기쁨으로 하나님께 드린다' 는 자세여야 한다. 우리가 기쁨으로 드릴 때 하나님께서는 우리의 필요한 것을 채워 주신다.

이렇게 성경이 말씀하는 세 가지 방법으로 드렸을 때, 하나님께서는 이런 사람을 사랑하신다고 7절 후반부에 말씀한다. 하나님께서 사랑하시는 자와 그렇지 못한 자의 구분이 있다는 점, 그리고 드리는 것에는 주님의 방법이 있고 이에 따라 복을 받을 수 있음을 배웠다. 아래 고린도전서 16장은 우리가 헌금을 드릴 때 어떻게 드려야 하는지를 말씀한다.

고전 16:1,2 『이제 성도들을 위한 모금에 관해서는 내가 갈라디아 교회들에게 명한 것같이 너희도 그렇게 행하라. 매주 첫날에 너희 각자가 하나님께서 번성케 하신 대로 따로 저축하여 두어서 내가 갈 때에는 모금하는 일이 없게 하라.』

헌금은 교회의 절기나 행사 때만이 아니라 체계적으로 매주 첫날에 드리고, 과도하게나 억지로가 아니라 번성케 하신 대로 드리라고 성경은 말씀한다. 이런 방법으로 주님께 드렸을 때 주님께서는 우리에게 되돌려 주신다.

주님의 경제 법칙

고후 9:6 『그러나 내가 이것을 말하노니, 적게 심는 자는 적게 거두고, 넉넉하게 심는 자는 넉넉하게 거둔다는 것이라.』

적게 심는 자는 적게 거두고, 넉넉하게 심는 자는 넉넉하게 거둔다는 이 법칙은 거짓 목사들에 의해 많이 오용되기도 한다. 그러나 이 말씀은 하나님의 경제 법칙으로 성경적인 것이다. 하나님께서 이런 방법으로 우리에게 되돌려 주신다.

고후 9:11 『모든 일에 부요하게 되어 관대한 연보를 함은 우리를 통하여 하나님께 감사드리게 하는 것이라."』

주님께서 드리는 자에게 다시 채워 주시는 이유는 모든 선한 일에 넘치게 하시려는 것이다. 누가복음 6:38에서는 "뿌린 대로 거두는 하나님의 법칙"을 말씀하며, 마태복음 6:19-21에서는 재물을 하늘에 투자할 때 주님께서 그만큼 상을 주신다고 말씀한다. 하나님의 경제 법칙은 바울 서신에도 나온다.

빌 4:15-19 『빌립보인들아, 너희도 알거니와 복음의 초기에 내가 마케도니아에서 나올 때에 나와 더불어 주고 받는 일에 참여한 교회가 너희밖에 없었느니라. 이는 데살로니가에 있을 때에도 너희가 한두 번 나의 쓸 것을 보내 주었음이라. 내가 선물을 구하고자 함이 아니라 너희의 회계에 풍성한 열매를 구하고자 함이니라. 내게는 모든 것이 있고 또 풍부하니라. 나는 너희가 보낸 것을 에파프로디도로부터 받아서 풍족하게 되었노라. 이는 향기로운 냄새요, 받으실 만한 희생제요, 하나님을 참으로 기쁘시게 하는 것이라. 그러나 나의 하나님께서 그리스도 예수를 통하여 영광 가운데서 그의 풍요함을 따라 너희의 모든 필요를 채워 주실 것이라.』

위의 말씀을 보면 빌립보 교회 외에 사도 바울의 사역에 동참한 교회가 없었다(15절). 빌립보 교회가 바울의 사역을 위해 헌금을 모아 보내주었는데(16절), 그는 이런 일이 '너희가 잘한 일이지만, 내가 너희에게 받은 이유는 내가 받고자 함이 아니라 너희에게 풍성한 열매를 구하고자 함' 이라고 말한다(17절). 하나님의 경제 법칙을 알기에 그렇게 말한 것이다.

이런 마음으로 사역을 돕는 것이 "하나님을 참으로 기쁘시게 하는" 방법이라고 바울은 말하고 있는 것이다(18절). 빌립보 교회에서 사도 바울을 많이 도왔는데 그가 빌립보 교회에게 "너희가 이렇게 뿌렸으니까 이제 하나님께서 필요한 것을 채워 주신다" 고 말하는 것이다. 이것이 하나님께 드리는 것의 법칙이다(19절).

하나님의 방법은 하나님께서 우리에게 주시면 그냥 쌓아 두는 것이 아니라 선한 일에 사용하라는 것이다. 우리가 하나님께 드리는 십일조와 헌금의 용도는 복음 사역을 지원하고 어려움을 당하는 믿음의 형제, 자매를 돕기 위한 것이다.

한편 복음을 전하지 않는 많은 교회들이 성도들의 헌금을 믿지 않는 자를 위한 사회 사업에 사용한다. 그러나 그것은 복음 전파가 아닌 일을 주님의 일이라고 하는 것이며, 교회의 외형적 성장을 추구하고 세상의 인정을 받고자 하는 것이다.

또한 헌금과 십일조는 개인적으로 하는 것이 아니라 지역교회에 하는 것이다. 지역교회에서 복음을 전파하고 사역자를 양성하고 선교사를 파송하며 구제 사역 등을 해야 하는데 사회단체나 TV에 헌금을 하는 것은 하나님께서 기뻐하시지 않는 일이다. 우리가 지역교회에 헌금을 하는 것은 지역교회가 복음 사역을 위해 하나님께서 세우신 하나님의 도구이기 때문이다.

8
성별된 삶

구원받기 전 우리는 마귀의 자녀였으며 허물과 죄로 영이 죽은 채 암흑 속에서 여러 가지 죄악 가운데 살아왔다. 그러나 복음을 마음으로 믿어 예수 그리스도의 보혈로 죄 사함을 받고 하나님의 자녀가 되었다.

이렇게 구원받아 하나님의 자녀가 된 뒤에는 여러 가지 해야 할 일들이 생긴다. 교회에 참석하고 성경을 배우며, 말씀과 기도로 매일 주님과 교제하고, 주변 사람들에게 복음을 전하는 것 등이 그것이다. 그러나 그 중 가장 우선된 일은 세상과 성별된 삶을 사는 것이다. 구원받은 자가 세상에서 살면서 실제적으로 가장 문제가 되는 것이 성별된 삶을 사는지 여부이기 때문이다.

구원받고 성별된 삶을 살지 못하는 사람은 그리스도 안에서 성장하지 못한다. 그런 사람은 믿지 않는 자들 앞에서는 하나님의 영광을 가리고 교회 내에서는 지체들에게 상처를 주어 분열을 가져오며, 더 나아가 믿음에서 떠나게 된다. 따라서 구원받고 나서 우선적으로 해야 하는 것이 세상과의 성별이며, 성별은 하나님께서 구원받은 자들에게 주신 명령이다.

세상을 사랑하면 안되는 이유

요일 2:15-17 『세상도, 세상에 있는 것들도 사랑하지 말라. 누구든지 세상을 사랑하면 아버지를 사랑함이 그 안에 있지 아니하니 이는 세상에 있는 모든 것이 육신의 정욕과 안목의 정욕과 생의 자랑이요, 아버지께 속한 것이 아니라 세상에 속한 것이기 때문이라. 세상도, 세상의 정욕도 사라지지만 하나님의 뜻을 행하는 자는 영원히 거하느니라.』

성경은 우리가 하나님을 사랑한다면 세상을 사랑하지 않는다고 말씀한다. 또한 만일 우리가 세상을 사랑하면 그 만큼 하나님을 사랑하지 않는다고 말씀한다. 위의 구절 "누구든지 세상을 사랑하면 아버지를 사랑함이 그 안에 있지 아니하니" 라는 말씀에서 우리는 자기 자신을 점검할 수 있는데, 그 점검 방법이 '나는 이 세상에 대해 어떻게 생각하는가?' 라는 것이다.

성경에서 '세상' 이라는 단어가 뜻하는 것은 세 가지이다. 첫째는 우리가 사는 이 지구, 둘째는 세상 사람, 셋째는 세상 제도이다. 이 세상은 어떻게 운영되는 것인가? 이 세상은 세상 제도에 의해 운영되며 그 배후에는 사탄이 있다.

이 세상 제도는 16절 말씀대로 "육신의 정욕과 안목의 정욕과 생의 자랑" 으로 구성되어 있다. 사탄은 이 세상의 모든 것을 장악하고 이 세상을 움직이는데, 그가 움직이는 체제가 바로 이 세 가지 요소로 이루어져 있다.

세상 사람들은 "다른 많은 사람들이 다 하는 것이니 내가 해도 괜찮다" 고 생각하며 술, 담배, 마약 등도 거리낌없이 이용하고 선과 악을 구분하지 않는다. 그러나 "세상도, 세상에 있는 것들도 사랑하지 말라" 고 하신 하나님께서는 그리스도인들을 향해 성별을 명하신다.

구원받기 전 우리들은 죄책감없이 세상에 속한 것들을 즐겼다. 그러나 구원받은 우리의 몸은 하나님의 성전이며, 담배, 술, 마약, 세상 음악과 영화, 지저분한 잡지, 세상의 유행을 따라가기 위한 머리, 옷차림 등은 하나님께서 원하시지 않는 것이다. 오늘날 많은 교회들은 사역하는 방식이나 교인들의 삶에서 세상적인 방식을 따르고 추구하며 세상과의 성별은 생각조차 하지 않는다.

그리스도인이 성별되었는지를 보려면 가정에서 그의 모습을 보면 된다. 부모가 TV나 세상 영화를 즐기는 등 세상 풍조에 빠져 사는데 자녀가 그리스도인으로서 순수하게 자라는 것을 기대할 수 있겠는가? 부모가 이렇게 사는 모습을 자녀들에게 보여 주는 것은 자녀들로 하여금 죄와 더러움 속에서 살아가게 만드는 것이다.

성경적으로 사역하는 목사들이 TV, 영화, 세상적 옷차림, 춤, 도박 등 세상에 속한 것들을 피하라고 설교하는 이유가 이것이다. 이러한 것들은 모두 육신의 정욕, 안목의 정욕, 생의 자랑을 추구하는 것들이다. 이 세 가지 세상 체제의 요소부터 성별하라는 것이 주님의 명령이며, 이 세 가지를 사랑하지 않는 것이 세상을 사랑하지 않는 것이다. 주님께서는 우리가 세상에 대한 분명한 태도를 갖기를 원하신다.

세상과 일치하면 안되는 이유

롬 12:2 『너희는 이 세상과 일치하지 말고 너희 마음을 새롭게 함으로써 변화를 받아 하나님의 선하시고 기뻐하시고 온전하신 뜻이 무엇인지 입증하도록 하라.』

"이 세상과 일치하지 말고" 라는 말씀에 주목해야 한다. 베드로전서 2장에서 구원받은 자들은 독특한 백성이라고 말씀한다. 여기서 '독특하다' 는 것은 다른 사람들과 일치하지 않고 다르다는 뜻이다. 많은 사람들이 독특하게 보이는 것을 두려워하기에 세상과 똑같이 보이고자 한다. 왜 이렇게 세상과 일치하고자 하는 것인가? 세상과 일치하지 않을 때 세상으로부터 받을 조롱과 박해가 두렵기 때문이다.

"세상과 일치하지 말고 너희 마음을 새롭게 함으로써 변화를 받아 하나님의 선하시고… 뜻이 무엇인지 입증하도록 하라" 는 말씀은 우리가 세상과 일치할 때에는 하나님의 온전하신 뜻을 알 수 없다는 것이다. 자신의 삶이 하나님의 뜻에 합당한지, 자신의 앞 길에 대한 하나님의 뜻이 무엇인지를 모르는 이유는 세상과 일치되어 살기 때문이다. 그런 사람은 독특한 백성으로서 하나님의 명령에 순종하는 삶을 살지 못한다.

세상의 것들을 버리고 세상과 일치하지 않을 때 하나님의 뜻을 밝히 알 수 있고 성별된 삶을 살 수 있다. 반면 "세상과 일치하지 말라" 는 말씀에 순종하지 않았을 때에는 엄청난 결과를 치르게 된다. 이스라엘 백성이 출애굽할 당시 하나님의 말씀에 순종하지 않았기 때문에 40년이라는 세월을 허비하고 카나안 땅에 들어가지 못해 약속된 땅에서 받을 복을 놓쳤던 것이 그 예이다.

구원은 받았지만 세상과 일치해서 사는 사람은 이런 '광야 생활'을 하다가 생을 낭비하는 것이며, 그리스도의 심판석에서 상 대신 책망과 벌을 받게 된다. 구원을 받았다고 해서 그것이 다가 아니라, 세상과 일치하지 말고 독특한 백성으로서 성별된 삶을 살아야 한다.

약 4:4 『너희 간음하는 남자들과 간음하는 여자들아, 세상과 친구 되는 것이 하나님과 원수 되는 것임을 알지 못하느냐? 그러므로 누구든지 세상의 친구가 되고자 하는 자는 하나님의 원수가 되느니라.』

우리가 세상과 친구 되고 세상과 일치될 때 하나님의 원수가 된다고 성경은 말씀한다.

성별을 위한 세상과 나를 보는 관점

그리스도인은 이 세상을 어떻게 보아야 하는가? 우리는 그리스도인의 위치가 무엇인지, 그리스도인이 세상에 대해 가져야 할 관점이 무엇인지 알아야 한다.

벧전 2:9-12 『그러나 너희는 선택받은 세대요 왕 같은 제사장이며, 거룩한 민족이요, 독특한 백성이니, 이는 너희를 어두움에서 불러내어 그의 놀라운 빛으로 들어가게 하신 분의 덕을 너희로 선포하게 하려는 것이니라. 너희가 전에는 백성이 아니었으나 이제는 하나님의 백성이며, 전에는 자비를 받지 못했으나 이제는 자비를 받았느니라. 사랑하는 자들아, 타국인 같고 순례자 같은 너희에게 권고하노니 혼을 거슬러 싸우는 육신의 정욕들을 멀리하라. 이는 너희가 이방인들 가운데 행실을 바르게 하여 그들이 너희에게 악을 행하는 자라고 말하다가도 너희의 선한 일들을 보고 감찰하시는 그 날에 그들로 하나님께 영광을 돌리게 하려 함이라.』

그리스도인은 자신이 왕 같은 제사장이며 거룩한 민족이요, 독특한 백성임을 알아야 한다. 우리는 하나님의 백성으로서, 외국인이요 순례자로서 이 세상을 보아야 한다. 세상 사람들이 우리를 보고 '저 사람은 진정한 그리스도인' 이라고 생각할 수 있어야 한다. 세상과 똑같이 행동하는 것이 아니라 타국인 같고, 순례자같이 이 세상에서 살아야 하는 것이다.

빌 3:20,21 『우리의 시민권은 하늘에 있으므로 우리가 그곳으로부터 오실 구주이신 주 예수 그리스도를 기다리고 있으니 그가 만물을 자신에게 복종시키는 그 능력의 역사로 인하여 우리의 천한 몸을 그분의 영광스러운 몸같이 변모시키시리라.』

우리의 시민권은 이 세상에 있는 것이 아니라 하늘나라에 있다. 그리스도인은 이와 같은 자신의 위치를 알고 살아가야 한다. 또한 그리스도인은 21절과 같이 영광스러운 몸을 기다리며 살아야 한다. 그래서 우리가 그리스도인으로서 갖는 간증이 중요하다.

고전 8:11-13 『그러면 네 지식으로 인하여 그 약한 형제를 망치게 되리니 그를 위하여 그리스도께서 죽으셨느니라. 그러므로 너희가 형제들에게 그렇게 죄를 짓고 또 그들의 약한 양심에 상처를 주는 것이 곧 그리스도께 죄를 짓는 것이니라. 따라서 음식이 내 형제를 실족시킨다면 나는 고기를 이 세상이 존재하는 한 먹지 아니하리니 이는 내가 내 형제를 실족시키지 아니하려는 것이니라.』

사도 바울은 만일 자기가 먹는 고기로 인해 다른 사람이 실족한다면 세상 끝까지 고기를 먹지 않겠노라고 했다. 이 말씀으로 우리의 간증이 얼마나 중요한 것인지를 알 수 있다. 하나님의 자녀가 되었다면 좋은 간증을 유지하는 것을 소중히 여겨야 한다.
우리가 모르는 사이에 우리를 주시하고 있는 친척, 친구, 직장동료 등 많은 사람들이 있다는 사실을 인지하고 늘 좋은 간증을 유지해야 한다. 그래서 사도 바울은 양심에 대해서 지속적으로 강조한 것이다.

구원을 받았다면 사람들에게 자신의 말이나 행동, 복장 등이 어떻게 비쳐지는지를 중요하게 생각해야 한다. 우리가 좋지 못한 간증을 갖는다면 이를 본 세상 사람들이 우리를 손가락질하며 "저런 사람이 하늘나라를 간다면 안 믿는 나는 더 좋은 곳에 가야 한다" 라는 생각을 갖게 되는 것이다. 이 때문에 사도 바울은 우리에게 다음과 같이 강력하게 경고한다.

살전 5:22 『악은 어떤 형태이든지 피하라.』

이 말씀을 지킨다면 우리의 좋은 간증을 지킬 수 있다. 예를 들면, 친구나 동료들과 술집에 같이 가서 자신은 술을 마지지 않는다며 술 대신 음료수를 마시더라도 사람들의 눈에는 술을 마신 것으로 비쳐질 수 있기 때문에 술집에 가는 것 자체를 피해야 한다. 그것이 '악은 그 형태라도 피하는 것' 이다.

성별하기 위한 방법

(1) 세상적인 교제로부터 성별해야 한다.

고후 6:14-18 『믿지 않는 자들과 멍에를 같이 메지 말라. 의가 불의와 어찌 관계를 맺으며 빛이 어두움과 어찌 사귀겠느냐? 그리스도가 벨리알과 어찌 조화를 이루며 또한 믿는 자가 믿지 않는 자와 어떤 부분을 같이하겠느냐? 하나님의 성전과 우상들이 어찌 일치되겠느냐? 이는 너희가 살아 계신 하나님의 성전임이라. 하나님께서도 말씀하시기를 "내가 그들 가운데서 살 것이며 그들 가운데서 다닐 것이며 나는 그들의 하나님이 되고 그들은 나의 백성이 되리라. 그러므로 주가 말하노라. 너희는 그들에게서 나와 따로 있고 더러운 것을 만지지 말라. 그리하면 내가 너희를 영접할 것이며 또 나는 너희에게 아버지가 되고 너희는 내 아들들과 딸들이 되리라. 전능하신 주가 말하노라." 고 하셨느니라.』

"믿지 않는 자들과 멍에를 같이 메지 말라." 우리가 어떤 사람들과 함께 있는지에 따라 하나님을 향한 우리의 간증이 달라질 수 있다. 믿지 않는 자들과 멍에를 같이 메면 믿지 않는 자를 따라갈 수밖에 없다. 멍에를 멘 소가 이끄는 방향대로 갈 수밖에 없는 것과 같은 이치다.

그러한 예로 믿지 않는 자와 결혼하는 것이나 세상 친구와 깊은 관계를 맺는 것을 들 수 있다. 우리는 세상 친구는 거리를 두고 사귀어야 한다. 그 친구의 혼을 불쌍히 여김이 먼저가 되어야 하며, 친구를 사귀기 위하여 세상에 빠질 필요는 없는 것이다.

고전 15:33 『미혹되지 말라. 악한 사귐은 좋은 행실을 부패시키느니라.』

믿지 않는 자와 멍에를 같이 멘 것의 결과와 악한 사귐의 결과는 좋은 행실이 부패되는 것이다. 아무나 사귄다든지 친구를 많이 사귀면 사귈수록 좋다는 것은 세상적 사고 방식이다. 악한 사귐은 좋은 행실을 부패시킬 뿐이다.

(2) 잘못된 가르침으로부터 성별해야 한다.

딤전 6:3-5 『만일 누군가가 다르게 가르치며 건전한 말씀, 곧 우리 주 예수 그리스도의 말씀과 경건에 따른 교리에 일치하지 아니하면 그는 교만해서 아무것도 아는 것이 없고 다만 질문과 언쟁만을 좋아하는 자니, 거기서 시기와 다툼과 악담과 사악한 의심이 생겨나며 마음이 부패하고, 진리를 상실하며, 이익이 경건이라 생각하는 사람들 사이에 무익한 논쟁이 일어나느니라. 그런 데서 네 자신은 빠져나오라.』

성경적인 교리를 알고 진리를 깨달은 자가 비성경적으로 가르치는 교회에 계속 머문다는 것은 성별을 원하시는 하나님께서 원하시는 바가 아니다. 그런 사람은 잘못된 가르침에서 성별하지 못하고 있는 것이다.

롬 16:17,18 『이제 형제들아, 내가 너희에게 권고하노니 너희가 배운 교리에 역행하여 분열을 일으키고 공박하는 자들을 주의하고 그들에게서 떠나라. 그러한 자들은 우리 주 예수 그리스도를 섬기는 것이 아니라 자기들의 배를 섬기는 것이니 정중한 말과 그럴듯한 언변으로 순진한 사람들의 마음을 미혹하느니라.』

성경은 하나님의 말씀을 저버리고 불의와 타협하며, 정중한 말로 자신의 배를 섬기는 거짓 목사들에게서 떠나라고 말씀한다.

⑶ 잘못된 교리로부터 성별해야 한다.

딛 3:9,10 『그러나 어리석은 논쟁들과 족보 이야기와 다툼과 율법에 대한 언쟁을 피하라. 그런 것은 무익하고 헛된 것이니라. 이단 종파에 속한 사람은 한두 번 훈계한 후에 거절하라.』

요이 1:9-11 『범죄하고 그리스도의 교리 안에 거하지 아니하는 자마다 하나님이 없으나, 그리스도의 교리 안에 거하는 그 사람은 아버지와 아들이 있는 자니라. 어떤 사람이 너희에게 오되 이 교리를 가지고 오지 아니하면 그를 집에 영접하지도 말고 그에게 문안하지도 말라. 이는 그에게 문안하는 자는 그의 악한 일들에 참여하는 자임이라.』

위 구절은 이단 종파의 교리로부터 성별할 것을 말씀한다. 어리석은 논쟁을 하는 이단 종파를 보면 시간을 허비하지 말고 언쟁을 피하라는 말씀이다. 이단 종파에 속한 자들은 한두 번 성경 말씀으로 진리를 알려 주었을 때 듣지 않는다면 거절해야 한다. 그들은 그리스도의 교리 안에 거하지 않는 자들이기 때문에 "영접하지도 말고 그에게 문안하지도 말아야" 한다.

이렇게 그리스도인이 세상과 성별했을 때 오는 것이 박해이다.

성별되었을 때 오는 박해

요 15:18 『세상이 너희를 미워하면 그것은 너희를 미워하기 이전에 나를 미워한 것임을 알라.』

만약 그리스도인이 세상에 속해 있다면 세상은 그를 사랑하고 미워하지 않는다. 세상이 여러분을 박해하는 것은 주님을 미워하는 것이고, 거짓 목사들이 그리스도인의 사역을 미워하는 것은 그들이 세상을 사랑하기 때문이다. 성경적 사역으로 인해 자신의 거짓이 드러나고, 그 결과 자신의 배를 채워 주는 교인들이 떠나게 되면 자신의 주머니에 돈이 없어지기 때문에 그리스도인을 박해하는 것이다. 이러한 이유로 성경적으로 믿고 경건하게 살고자 하는 사람들은 박해를 받을 수밖에 없다.

그런데 오늘날 과연 어떤 목사들이 박해를 받고 있는가? 오히려 대다수의 대형교회 목사들은 지금 세상으로부터 우대를 받고 있다. 그 이유는 그들이 세상에 속해 있기 때문이다. 세상은 그들을 좋아한다. 그들은 하나님의 방식대로 복음과 진리를 전하는 대신 인본주의 사고방식으로 설교하고, 사랑을 운운하며 사람들을 오도하고 속이며, 사회를 변화시키려 하는 사회복음을 전하기 때문이다. 성경적으로 믿는 사람들은 세상이 잘못되었다고 말하고, 세상 사람들을 향해 "당신은 죄인이기에 죽으면 지옥에 간다" 고 하기 때문에 당연히 박해를 받는다.

성별된 자가 받는 핍박은 우선 가까운 가족에게서 온다.

마 10:35-39 『내가 온 것은 사람이 그 아버지와, 딸이 그 어머니와, 며느리가 그 시어머니와 서로 대적하게 하려 함이니라. 사람의 원수들은 그의 가족 중에 있으리라. 아버지나 어머니를 나보다 더 사랑하는 사람은 나에게 합당치 아니하고, 아들이나 딸을 나보다 더 사랑하는 사람도 나에게 합당치 아니하며 또 자기 십자가를 지지 않고 나를 따르는 자도 나에게 합당치 아니하니라. 자기 생명을 찾는 사람은 잃을 것이요, 나로 인하여 자기 생명을 잃는 사람은 찾을 것이라.』

위 구절은 주님의 절대성을 말씀하는 것이다. 성경은 주님보다 다른 것을 더 사랑하면 그 사랑은 잘못된 것이라고 말씀한다. 가족을 사랑하지 말라는 것이 아니라 하나님의 말씀을 더 소중히 여기라는 것이다.

그리스도인이 이 세상에서 사는 법

롬 12:18 『가능한 한 너희 편에서는 모든 사람과 더불어 화목하게 지내라.』

골 4:5 『외부 사람들에게는 지혜로 행하여 시간을 사서 얻으라.』

그리스도인은 가능한 한 모든 사람과 화목하게 지내야 하며, 지혜롭게 생활해야 한다. 이것은 세상과 어울려 시간을 허비하라는 것이 아니라 말씀을 전할 기회를 지혜롭게 찾으면서 모든 사람과 화목할 줄 알아야 한다는 말씀이다. 그리스도인은 세상을 믿음으로 이겨내야 한다.

한편, 성별된 삶을 산다는 것은 "바리새인처럼" 사는 것이 아니다. 바리새인같이 되는 것은 "외향적이고 위선적으로" 자신이 "거룩한 척" 보이려 하는 잘못된 태도를 갖는 것이다. 구원받은 우리는 마음이 변해야 한다. 이 말은 '나는 구원받았기에 당신보다 낫다' 는 태도를 가지라는 것이 아니다. 이런 태도는 바리새인과 같은 것이다. '나는 세상 사람과 똑같은 죄인이었으나, 주님의 보혈의 공로로 죄 사함을 받았기에 하나님의 자녀로서 성별된 삶을 살아야겠다' 는 태도를 가져야 한다. 그리고 잃어버린 혼들을 구령해서 '저들도 나처럼 하나님의 자녀가 되어 복을 받게 해야겠다' 는 마음을 가져야 한다.

9

그리스도의 증인

예수 그리스도의 보혈로 구속받아 하나님의 자녀로 입양되고 영원한 생명을 얻은 모든 그리스도인은 예수 그리스도의 증인이 되어 복음을 증거해야 할 의무가 있다. 구원받은 뒤 우리는 믿음 생활을 시작하는데, 믿음 생활의 핵심은 하나님의 말씀에 따라 살고 하나님의 명령에 순종하는 데 있다. 하나님의 명령 가운데 가장 중요한 것이 예수 그리스도를 증거하는 것이다.

행 1:8 『그러나 성령께서 너희에게 임하시면 너희가 능력을 받으리니 그러면 예루살렘과 온 유대와 사마리아와 땅 끝까지 이르러 내게 증인이 되리라." 고 하시니라.』

부활하신 후 주님께서는 제자들에게 주님의 증인이 되라고 말씀하셨다. 예수님의 증인이 되려면 제일 먼저 해야 할 것이 다른 사람들에게 주 예수 그리스도에 대해서 말하는 것이다. 이것이 쉽지만은 않은 일이지만, 성경을 공부함으로써 어떻게 주님을 증거할지를 배울 수 있다.

자신의 구원 간증을 통한 증거

구원받은 후 예수 그리스도를 가장 효과적으로 증거할 수 있는 방법은 다른 사람에게 자신의 구원 간증을 하는 것이다. 여러분 각자는 자신이 어떻게 구원을 받았는지에 대한 간증이 있을 것이다. 자신의 구원의 경험을 있는 그대로 전할 때 이 간증은 듣는 사람에게 가장 효과적으로 역사한다. 이러한 예를 성경에서 찾아보자.

행 26:3–18 『당신께서는 유대인의 제반 관례와 문제점들을 특히 잘 아는 분이시니 내게 끝까지 들어주시기 바라나이다. 내가 처음에 예루살렘에서 내 민족과 함께 살던 젊은 시절의 생활상은 모든 유대인이 알고 있나이다. … 오 왕이여, 정오에 길에서 내가 보니 해보다 더 밝은 빛이 하늘로부터 나와 나의 일행을 두루 비추더이다. 우리가 모두 땅에 엎드렸을 때 한 음성이 내게 말씀하시는 것을 들었는데 히브리어로 말씀하시기를 '사울아, 사울아, 어찌하여 네가 나를 박해하느냐? 가시채를 걷어차는 것이 네게 고통이라.' 하시기에 내가 말하기를 '주여, 누구시니이까?' 라고 하니 그가 말씀하시기를 '나는 네가 박해하는 예수라. 일어나서 네 발로 서라. 이는 내가 이 목적을 위하여 너에게 나타났음이니 네가 본 것과 내가 너에게 나타나게 될 일에 대하여 너를 일꾼과 증인으로 삼고자 함이라. 그 백성과 이방인들로부터 너를 구해 내어 이제 그들에게 보내서 그들의 눈을 뜨게 하여 흑암에서 광명으로 사탄의 권세에서 하나님께로 돌아서게 하며 그들로 죄사함을 받게 하고 내 안에 있는 믿음으로 거룩하게 된 사람들 가운데서 유업을 받게 하려는 것이라.' 고 하였나이다.』

위 구절에서 사도 바울은 아그립파 왕에게 자신의 구원받기 전에는 어떤 모습이었으나 예수 그리스도를 만나서 주로 고백했으며 이제는 주님의 말씀을 들은 대로 전한다고 증거하고 있다. 여기서 이 말씀을 읽는 우리들이 주목해야 할 것은 바울이 말씀을 증거하는 대상이 최고 권력자인 왕이었으며, 자신을 고소한 많은 무리를 상대로 그가 한 말은 어떤 학술적 연설이 아니라 자신의 구원 간증이었다는 사실이다.

이처럼 구원 간증을 함으로써 생각지도 못한 결과를 가져오게 된다. 바울이 간증한 후의 일들을 살펴보자.

행 26:28,29 『그러자 아그립파가 바울에게 말하기를 "네가 나를 설득시켜 거의 그리스도인이 되게 하려 하는도다." 라고 하니 바울이 말하기를 "당신뿐만 아니라 오늘 내게 듣는 모든 사람도 거의 그리스도인이 되었거니와 이렇게 결박당한 것을 제외하고는 모두가 나와 같이 되기를 하나님께 바라나이다." 하더라.』

아그립파 왕은 그 즉시 예수 그리스도를 영접하지 않았지만 바울의 간증에 설득되어 '거의 그리스도인이 되었다' 고 말했다.

왕 앞에서 한 바울의 간증 내용을 정리해 보면 다음과 같다.

1) 과거의 자신의 모습: 4,5절

2) 과거의 자신의 행위 (그리스도인을 박해함): 9-11절

3) 예수 그리스도를 영접하게 된 간증: 13-18절

4) 예수 그리스도를 증거하는 설교: 19-21절

5) "거의 그리스도인이 되게 하려" 했다는 왕의 고백: 28절

자신을 고소한 많은 무리와 왕 앞에서 재판을 받는 와중에도 바울은 자신의 간증을 통해 효과적이고도 담대하게 예수 그리스도를 증거했다. 성경을 많이 알지 못한다 할지라도 예수 그리스도를 구주로 영접한 모든 사람은 자신의 간증으로써 예수님의 증인이 될 수 있다. "전에는 예수 그리스도가 누구인지도 몰랐으나 복음을 듣고 예수 그리스도를 믿어 구원을 받았다," "지난 3,40년 동안 교회만 다니는 종교 생활을 하면서 구원의 확신없이 살다가 성경적인 복음을 듣고 믿음으로써 구원을 받게 되었다" 고 간증할 수 있는 것이다.

이렇게 구원 간증을 통한 복음 증거는 쉽고도 효과적인 복음 전파의 방법인 것을 사도 바울의 예를 통해서 확인할 수 있다.
한편 17,18절에서 사도 바울은 자신에게 직접 나타나신 예수님을 만나 구원받은 것은 특별한 경우이다. 오늘날에는 바울이 경험한 것처럼 구원받는 것이 아니라 기록된 하나님의 말씀을 믿고 예수 그리스도를 자신의 구주로 영접함으로써 구원받는다. 믿음은 들음에서 나고, 들음은 하나님의 말씀에 의해서라고 성경은 말씀하신다. 많은 사람들이 사도 바울이 경험한 것처럼 예수님을 만났다고 하는데, 그것은 마귀에게 속은 것이다.

예수님의 증인이 되지 못하는 이유

자신이 어떻게 구원받았는지에 대한 확실한 간증이 없으면 그리스도의 효과적인 증인이 될 수 없다. 우리가 증인이 되지 못하는 이유는 다음과 같다.

(1) 구원 간증이 없을 때 예수님의 증인이 되지 못한다. 자기가 어떻게 구원받았는지를 간증하지 못하는데 어떻게 다른 사람들을 예수님께 인도할 수 있겠는가? 스스로가 먼저 구원의 확신이 있어야 복음을 전할 수 있다. 확신이 없는 이유에는 여러 가지가 있을 수 있지만, 대부분의 한국 교인들이 구원의 확신이 없는 이유가 본인이 구원을 받지 못했기 때문이다.

많은 이들이 교회는 다녀도 구원을 받지 못하는 이유는, 교회에서 믿음만으로 구원받는다고 말은 하지만, 동시에 믿음을 지키고 행함으로써 구원을 받는다는 행위 구원도 가르쳐서 혼동에 빠지게 하기 때문이다. 거짓 목사들은 오직 예수님을 믿는 믿음만으로 구원받는다고 가르치지 않고 교회 출석, 헌금 등 열심을 다한 행위로써 구원받는다고 하기 때문에 수많은 혼들을 지옥으로 보내고 있다. 대부분의 한국 교회 교인들이 구원 간증을 하지 못하는 것은 예수 그리스도를 자신의 구주로 마음에 믿음으로써 구원받지 못했기 때문이다. 그런 사람들은 머리로는 알더라도 100퍼센트 마음으로 결정하지 못한 것이다.

믿음만으로 자신의 모든 죄가 사해졌다는 확신을 갖지 못하기에 예수님을 증거하지 못한다. 이러한 이유로 구원의 확신이 없는 사람은 구원의 간증도 없고, 사도 바울과 같이 담대하게 다른 사람을 구령할 수 없다.

(2) 구원은 받았지만 과거의 죄를 반복함으로써 구원의 확신을 갖지 못하고 그리스도의 증인이 되지 못한다. 이들은 복음이 무엇인지를 (우리의 죄를 위해서 예수님께서 죽으시고 장사되셨다가 부활하심) 듣고 믿은 사람들이다. 비록 회개하고 예수님을 자신의 구주로 믿기는 했지만, 과거의 죄가 반복되자 구원을 의심하는 것이다.

이런 사람들은 '내가 정말 회개하는 마음으로, 온 마음을 다해서 예수님을 믿었나?' 하며 의심을 한다. 이들은 그 당시에는 복음의 말씀을 믿었지만 그 뒤 하나님의 말씀을 제대로 공부하지 못하였거나, 성경적으로 사역하는 교회에 참석해서 양육을 받지 못해 구원의 확신이 없는 경우이다. 그러나 성경적으로 믿는 사람들은, 과거에는 어떠했는지에 상관없이 이제 자신이 정확하게 하나님의 말씀을 듣고 믿어서 구원의 확신을 갖고 구원 간증을 함으로써 예수 그리스도의 증인이 될 수 있다. 우리가 담대하게 증거할 때 성령님께서 역사하셔서 죄인들이 회개하는 역사가 일어나게 된다.

자신의 경험을 그대로 전하는 예수님의 증인

눅 8:38-40 『이제 마귀들이 나간 그 사람이 주와 함께 있게 해 달라고 주께 간구하였으나, 예수께서 그를 보내시면서 말씀하시기를 "네 집으로 돌아가서 하나님께서 너에게 얼마나 큰 일을 하셨는가를 말하라." 고 하시니, 그가 온 성읍을 돌아다니며 예수께서 얼마나 큰 일을 자기에게 하셨는가를 전파하니라. 예수께서 돌아오시니 무리가 기쁘게 영접하더라. 이는 그들이 다 주를 기다리고 있었기 때문이라.』

위 구절은 가다라에서 마귀 들린 자가 치유받은 기적을 기록하고 있다. 전에 마귀들린 자였던 그는 성경을 배운 적이 없지만 주님께 치유받은 자신의 경험을 온 성읍에 돌아다니며 증거했고, 이로 인해 위대한 역사가 일어났다(39,40절). 이처럼 자신이 직접 경험한 사실을 전한 그 말이 능력있게 역사함을 알 수 있다.

요 1:40-42 『요한의 말을 듣고 주를 따라간 두 사람 가운데 하나는, 시몬 베드로의 형제 안드레였더라. 그가 먼저 그의 형제 시몬을 만나 말하기를 "우리가 메시아를 만났다." 고 하니 그것을 해석하면 그리스도라. 그리하여 그가 시몬을 예수께 데려오니 예수께서 그를 보시고 말씀하시기를 "너는 요나의 아들 시몬이라. 너를 게바라 부르리라." 하시니 그것을 해석하면 돌이라.』

침례인 요한의 말을 듣고 주를 따라간 베드로의 형제 안드레는 곧바로 베드로에게 가서 예수 그리스도를 증거했고, 이로 인해 위대한 일꾼 베드로가 나오게 되었다. 베드로는 후에 오순절에 유대인에게 복음을 최초로 전파한 사도이고, 이방인 코넬료에게도 최초로 복음을 전했다. 이와 같은 베드로의 위대한 사역이 있을 수 있었던 것은 바로 안드레가 그에게 예수님을 증거했기 때문이다.

요 4:25-30 『그 여인이 주께 말씀드리기를 "나는 그리스도라 하는 메시아가 오실 줄을 아나이다. 그분이 오시면 우리에게 모든 일들을 말씀해 주실 것이니이다." 라고 하니 예수께서 그녀에게 말씀하시기를 "너와 말하고 있는 내가 그니라." 고 하시더라. 이때 제자들이 돌아와서 주께서 그 여인과 말씀하고 계심을 이상히 여겼으나 "무엇을 구하시나이까?" 혹은 "어찌하여 그 여인과 말씀하시나이까?" 라고 말하는 사람이 아무도 없더라. 그러자 그 여인이 물동이를 버려두고 성읍으로 들어가서 사람들에게 말하기를 "와서 내가 행한 모든 일들을 나에게 말한 그 사람을 보라. 그분이 그리스도가 아닌가?" 라고 하니 그때 사람들이 성읍에서 나와 주께로 오더라.』

위 구절에서 사마리아 여인은 예수님께서 자신의 과거에 대한 문제를 다 말씀하시자(18,26절) 놀라서, 자신이 알고 있는 메시아에 대해 예수님께 말씀드렸고, 그 메시아가 눈 앞에 계신 분임을 알게 되자 곧바로 물동이, 즉 자신의 생업을 버려 두고 주께서 자신에게 행하신 일들을 사람들에게 증거한다. 그러자 많은 사마리아 사람들이 주를 믿게 되는 위대한 일이 일어난다(39절).

위 세 가지의 예에서 그리스도인이 어떻게 예수 그리스도의 증인이 될 수 있는지를 살펴 보았다. 자신의 경험을 있는 그대로, 또 곧바로 증거했을 때, 상대방이 구원받고 싶은 마음이 생겨 구령의 열매가 맺힐 수 있다.

한편 그 자리에서 성경 구절을 보여 줌으로써 그리스도를 증거해야 할 경우가 있다. 우리가 상대방을 예수 그리스도께 인도할 때 사용할 수 있는 몇 가지 주요 성경 구절을 알아보자.

예수님을 증거하기 위해 알아야 할 성경 구절

자신이 예수님을 증거할 자신이 없으면 교회의 형제들이나 목사님께 도움을 청할 수 있다. 그러나 본인이 바로 그 자리에서 증거해야 할 때가 있다. 그런 경우를 위해 그리스도인은 예수님을 증거할 때 사용할 성경 구절들을 숙지해야 한다. 필요한 성경 구절을 준비해 두지 않는 것은 낚시꾼이 도구가 없어서 고기를 놓치는 경우과 같다.

고전 15:1–5 『형제들아, 내가 너희에게 전한 복음을 이제 너희로 알게 하노니 이는 너희가 받았고 그 안에 선 것이라. 만일 너희가 내가 전한 복음을 굳게 잡고 헛되이 믿지 아니하였다면 복음을 통하여 너희도 구원받은 것이라. 내가 받은 것을 먼저 너희에게 전달하였나니 이는 성경대로 그리스도께서 우리의 죄들로 인하여 죽으시고 장사되셨다가 성경대로 셋째 날에 다시 살아나셔서 게바에게 보이시고 그후에 열두 사도에게 보이신 것이라.』

주님께서는 우리의 "죄들로 인해" 죽으셨다. 우리의 병을 고쳐 주시기 위해서나 우리에게 부를 가져다 주시기 위해 죽으신 것이 아니다. 복음은 불멸하는 혼과 영원한 생명을 위한 것이지 이 땅의 일시적인 것들을 위한 말씀이 아니다. 예수 그리스도께서는 우리의 죄들을 위해 죽으심으로써 죄 문제를 해결하셨고 우리에게 영생을 주셨다.

"죽으시고 장사되셨다… 다시 살아나셔서" (4절). 그리스도께서 우리의 죄를 위하여 죽으시고 장사되셨다가 살아나셨음을 믿을 때 구원받는 것을 증거해야 한다. 우리는 고린도전서 15장의 복음을 올바로 전할 줄 알아야 한다. 다음의 로마서 구절들을 통해 이 복음을 간단하게 전할 수 있다.

롬 3:10,23 『기록된 바와 같으니 "의인은 없나니 없도다, 한 사람도 없도다.』 『이는 모든 사람이 죄를 지었으므로 하나님의 영광에 이르지 못하다가』

우선 죄에 대해 전하고 모든 사람이 죄인인 것을 알려 주어야 한다. 교회에 다니는 사람들에게 "당신은 죄인이다" 라고 말하면

화를 내는 사람들이 있다. 이렇게 화를 내는 것은 자신이 죄인인 것을 모르기 때문에 나오는 반응이다.

자신이 죄인인 줄 모른다면 어떻게 구원받을 수 있는가? 무엇으로부터 구원을 받는다는 것인가? 질병이 있다면 그 질병이 무엇인지 알 때 치료해서 완치할 수 있듯이, 죄인이라는 병명을 알려줘야 그 사람이 회개하고 구원을 받을 수 있는 것이다. 위의 두 구절로 상대방에게 죄인인 것을 알려주고 회개하게 한 후에는 죄의 대가가 무엇인지 알려 주어야 한다.

롬 6:23 『이는 죄의 삯은 사망이요, 하나님의 선물은 예수 그리스도 우리 주로 말미암은 영원한 생명이기 때문이라.』

롬 5:8 『우리가 아직 죄인이었을 때 그리스도께서 우리를 위하여 죽으심으로써 하나님께서는 우리를 향한 그의 사랑을 나타내셨느니라.』

위와 같이 죄의 대가와 이 죄로 인하여 죽을 수밖에 없었던 모든 인간의 상태를 알려 준 후, 인간의 죄값을 치러 주신 예수 그리스도를 증거한다

롬 10:9 『네가 네 입으로 주 예수를 시인하고 또 하나님께서 그를 죽은 자들로부터 살리신 것을 네 마음에 믿으면 구원을 받으리라.』

이 구절로 예수님은 육신으로 오신 하나님이시고, 그분이 우리를 위해 죽으시고 부활하신 것을 믿을 때 구원받음을 알려 준다. 위의 성경 구절들로 기본적인 것을 알려줌으로써 듣는 사람을 주님께 인도할 수 있다.

이렇게 복음을 전하는 데는 숙련이 필요하다. 그렇기 때문에 우리는 숙달될 때까지 예수 그리스도의 증인이 되기 위해 중단하지 않고 노력해야 한다. 낚시꾼이 물을 알고, 날씨를 알고, 미끼를 알고, 어디에 고기가 많은 것을 알아야 하듯이, 그리스도인도 노력을 통해 숙련된 증인이 되어야 한다.

예수님의 증인이 되기 위한 변화

예수 그리스도의 증인이 되려면 구원받은 뒤에 이전과는 달라진 모습이 사람들 앞에 드러나야 한다. 우리의 변화되고 성별된 모습이 예수 그리스도의 증인으로서 좋은 간증이 되기 때문이다. 주변 사람들이 우리를 보고 "저 사람이 예수님을 믿더니 예전 같지 않고 달라졌어!" 하고 말할 수 있어야 한다. 우리가 이렇게 예수 그리스도의 증인으로 변했을 때, 주님께서는 여러 가지 열매를 주신다고 약속하셨다.

갈 6:9 『선을 행하다가 낙심하지 말지니, 쓰러지지 아니하면 때가 되어 거두리라.』

위 구절은 낙심하거나 쓰러지지 않으면 거두리라고 말씀한다. 처음 구령을 시작할 때 매번 성공할 수는 없다. 그러나 상대방이 믿지 않더라도 낙심하거나 포기하지 않으면 주님께서는 때가 되어 열매를 거두게 하신다. 예수 그리스도의 능력있는 증인이 되기 위해서는 실패하더라도 꾸준히 최대한 많은 사람에게 복음을 전해야 한다.

시 126:5,6 『눈물로 씨를 뿌리는 자들은 기쁨으로 거두리로다. 귀한 씨를 가지고 나가서 우는 자는 정녕 기쁨으로 그의 단들을 가지고 돌아오리로다.』

낙심하거나 포기하지 말라는 말씀을 신뢰하고 하나님의 말씀인 씨를 뿌릴 때, 그 당시에는 결과가 눈에 보이지 않더라도 언젠가는 단을 가지고 돌아오는 것이다. 눈물로 씨를 뿌린다는 말씀에서, 무조건 하나님의 말씀을 피상적으로 전하는 것이 아니라 상대방의 혼을 불쌍히 여기는 열정적인 마음으로 씨를 뿌려야 함을 알 수 있다. 그것이 예수 그리스도의 증인이 가져야 하는 마음가짐이다.

예수님의 증인의 태도

행 4:17-20 『그러나 더 이상 백성 가운데 확산되지 못하게 그들을 엄히 위협하여 이후로는 아무에게도 이 이름으로 말하지 못하게 하자." 하고 그들을 불러서 명령하기를 "절대로 예수의 이름으로 말하지도 말고 가르치지도 말라." 고 하더라. 그러나 베드로와 요한이 그들에게 대답하여 말하기를 "하나님 앞에서 너희에게 경청하는 것이 하나님께 경청하는 것보다 더 옳은 일인지 판단하라. 우리는 보고 들은 일들을 말하지 아니할 수 없노라." 고 하더라.』

베드로와 요한이 백성에게 예수님을 증거함으로써 많은 사람들이 믿게 되자(약 오천 명) 대제사장 등 유대인들이 "예수의 이름으로 말하지 말고 가르치지도 말라." 고 그들을 핍박했다(18절). 그때 베드로와 요한은 "네, 그러겠습니다" 하지 않았다. 오히려 "우리는 보고 들은 일들을 말하지 않을 수 없다" 고 하며 위협에 굴하거나 타협하지 않았음을 볼 수 있다. 우리는 그리스도의 증인으로서 믿음의 선배들과 같은 태도를 가져야 한다.

정리하면, 우리는 구원 간증을 통해, 또는 우리가 듣고 경험한 바를 말함으로써 그리스도의 증인이 될 수 있으며, 또한 복음을 전함으로써 예수 그리스도의 증인이 될 수 있다.

10
성도의 교제

성도의 교제가 갖는 성경적 의미는 성도들이 주 예수 그리스도 안에서 삶을 함께하는 것이다. 세상적인 교제와는 다른 성도의 교제는 성도 간의 유익을 위해 모이는 것이며, 단순히 시간을 같이 하는 것만을 말하지 않는다.

많은 교회에서 일어나는 문제들은 성경적인 성도의 교제가 무엇인지 잘 모르는 까닭에 생기는 것들이다. 구원받자마자 시작되는 믿음 생활에서 중요한 것이 성도들의 교제인데, 하나님의 말씀으로 양육받지 못하고 다른 성도들이 도와주지 않을 때, 즉 바른 교제가 없을 때 실족하거나 믿음이 자라나지 않게 된다.

이렇듯 성도의 교제는 성도가 믿음 생활을 하는 데 매우 중요하다. 이번 과에서는 예수 그리스도 안에서 삶을 나누는 성도의 교제가 어떤 것인지를 성경을 통해 공부하려 한다. 우리는 성도 간에 성경이 말씀하시는 대로의 교제를 나누어야 한다.

교제의 의미

올바른 교제를 알지 못해서 문제가 생겼던 고린도 교회를 통해 성경적 교제에 대해 알아보고자 한다.

고전 1:9-13 『너희를 그의 아들 예수 그리스도 우리 주의 교제 안으로 부르신 하나님께서는 신실하시도다. 형제들아, 이제 내가 우리 주 예수 그리스도의 이름으로 너희에게 권고하노니 너희 모두는 같은 것을 말하고 또 너희 가운데 분열이 없게 하여 같은 생각과 같은 판단으로 온전히 함께 연합하라. 나의 형제들아, 클로에 집안의 사람들이 너희에 관하여 내게 전해준 바로는 너희 가운데 다툼이 있다는 것이라. 이제 내가 이것을 말함은 너희 각자가 말하기를 "나는 바울에게, 나는 아폴로에게, 나는 게바에게, 나는 그리스도께 속한다." 라고 함이라. 그리스도께서 나뉘시느냐? 바울이 너희를 위하여 십자가에 못박혔더냐? 아니면 너희가 바울의 이름으로 침례를 받았더냐?』

당시 고린도 교회에서는 침례 문제 때문에 성도들 사이에 분파가 생겼다. 이런 상황 가운데 사도 바울이 이들에게 당부한 말에서 우리는 성도의 교제에 대해 배울 수 있다.

첫째, 고린도전서 1:9에 따르면 교제는 예수 그리스도 안에서 해야 하는 것이다. 우리 인간은 교제 속에서 태어났고 그 안에서 살아간다. 가족, 학교, 직장, 사회 등에서 형성된 교제 안에서 생활을 하며, 인간은 이런 교제 밖에서는 살 수가 없다.

그러나 그리스도인이 되어 세상으로부터 성별된 후, 즉 구원받고 난 후에는 교제권이 달라졌다. 이제 새로운 교제가 형성된 것이다. 세상의 교제에서 벗어나 이제 영적 가족 간의 관계에서 교제를 해야 한다.

우리의 교제는 예수 그리스도 안에서 하는 것이다. 예수 그리스도 안에서 교제해야 함을 알지 못하면 교제가 무엇인지 모르게 되고, 그 결과 세상에서의 생활과 교회 생활을 혼동함으로써 많은 문제들이 발생하게 된다.

그리스도인의 바른 교제는 9절 말씀과 같이 예수 그리스도 안에서 하는 것인데, 고린도 교회에서는 이것을 몰랐기 때문에 문제가 생겼다. 10절에서 바울은 "같은 것을 말하여 분열이 없게 하라"고 했는데, 다툼이 생긴 이유는 서로 간에 "나는 바울파, 나는 아폴로파, 나는 게바파, 나는 그리스도파"라고 했기 때문이다. 이것은 교제를 잘못 이해했기에 일어난 일이었다. 교회 안에서 분파를 형성해 끼리끼리 모여서 교회 안에 분열을 야기한 것이다. 주님이 주신 명령은 예수 그리스도 안에서 교제를 하라는 것이지 끼리끼리 모이라는 것이 아니다. 오늘날 우리도 교제에 대해 잘못 알게 되면 이와 똑같은 일이 발생하게 된다. '교제'가 단순히 두세 사람이 모여서 이야기하고 시간을 나누는 것이라 생각하면 문제가 발생하는 것이다.

우리가 지역교회에서 생활을 하면서 같은 지역, 같은 직장, 같은 가족 등 환경에 따라서 모이게 되는데, 만약 이 모임만이 우리가 교제를 하는 그룹이라고 생각하게 되면, 다른 성도들과 분열을 갖게 되는 것은 불가피한 일이다.

두번째로 교제란 믿음 생활 자체이지 한 장소, 한 시간에 물리적으로 모여서 하는 것이 아니다. 진정한 교제는 거리와 시간과 장소와 상관이 없다. 예를 들면 LA에 있는 한 교회가 세계 각지의 교회들, 각 나라에 나가 있는 선교사들과 거리 관계상 서로 만나지 못하고 자주 연락하지 못하지만, 교제가 끊어지지 않고 서로 이해하고 도우며 교제할 수 있다.

환경적 여건 상 자주 만나는 사람이 있고 그렇지 못한 사람이 있지만, 자주 못 만난다 해서 교제가 없다고 하는 것은 잘못된 것이다. 한 군데 모여서 이야기하는 것뿐만 아니라 구원받고 난 후의 믿음 생활 자체가 교제이며, 주님 안에서 믿음 생활하는 가운데 자신의 삶을 함께 나누는 것이 교제이다. 이 말은 우리가 모여서 예배 드리고 성경 공부를 하는 것 자체가 교제라는 것이다.

반대로 교회에 나와서 성경 공부를 하지 않고 예배에도 참석하지 않는다면 교제가 없는 것이다. 그런 사람은 다른 성도들에게 부담을 주는 것이고 함께 섬기지 못하는 것이다. 함께 모여서 예배를 드리는데 어떤 사람은 나오지 않는다면 그는 예배에 나온 사람에게 부담을 주는 것이다.

조금 더 자세하게 표현하면, 구원받은 그리스도인이 하나님의 사역을 함께 함에 있어서 헌금을 하고 식사 준비를 하는 등 갖가지 사역을 할 때, 그런 일들을 하는 사람과 하지 않는 사람이 있다면 서로 간에 교제가 되지 않는 것이다. 물론 개인적인 문제가 있어 참여하지 못하는 경우가 생길 수 있다. 그러나 할 수 있는데도 하지 않는 것은 교제를 파괴하는 것이다.

이렇게 우리는 교제에 대해 차원을 달리해서 생각해야 한다. 하나님께 찬양하고, 기도 모임을 하고, 거리에서 설교하고, 가가호호 방문해서 전도를 하고, 함께 사역에 참여해서 각 부분에서 도움을 주고, 교회 청소도 하고 여러 가지 봉사를 하며, 어려울 때 서로 도와주고, 간증을 나누는 것 등, 이 모든 것이 교제이다. 반복하지만, 성도 간의 교제란 단순히 만나서 이야기를 나누는 것을 말하지 않는다.

교제를 나누는 성도들과 갖는 관계

성도들과 진정한 교제를 하기 위해서는 우선 성도들 서로가 어떤 관계를 갖는지 알아야 한다.

(1) 영적인 가족 관계

롬 8:14 『무릇 하나님의 영으로 인도함을 받는 이들은 곧 하나님의 아들들이니라.』

구원받은 자들은 한 아버지를 둔 영적 가족들이다. 영적인 가족 관계는 육신적인 가족보다 더 오래 간다. 육신적인 가족이 구원을 받지 못했다면 이 세상 살아 있는 동안만 함께하고 죽음 뒤에는 헤어져야 한다. 그러나 영적인 가족은 영원 세계까지 함께하는 관계이다. 예수님께서 지상 사역 동안에 육신의 어머니와 동생들이 주님을 찾아왔을 때 어떻게 말씀하셨는가? 하나님의 뜻을 행하는 사람들이 주님의 가족이라고 하심으로써 육신적인 가족을 초월하시는 모습을 보여 주셨다. 만일 가족 중에 구원받지 못한 사람이 있다면 하루 빨리 구원을 받고 영적인 가족이 될 수 있도록 복음을 전해야 한다.

(2) 한 몸의 지체

롬 12:3-5 『내게 주신 은혜로 인하여 너희 중 각 사람에게 말하노니 자신에 대하여 마땅히 생각할 그 이상의 생각을 품지 말고 다만 하나님께서 각 사람에게 나누어 주신 믿음의 분량에 따라 건전하게 생각하라. 우리가 한 몸에 많은 지체를 가졌으나 모든 지체들이 다 같은 기능을 가진 것이 아니니 이와 같이 우리 많은 사람이 그리스도 안에서 한 몸이 되어 각 사람이 서로의 지체가 되었느니라.』

구원받은 자들은 모두 그리스도의 한 몸을 이루는 지체들이다. 각 성도가 한 몸 안의 다양한 지체들인 것이다. 이 몸에 대해 고린도전서 12장이 설명하고 있다.

고전 12:14-27 『몸은 한 지체가 아니라 여러 지체로 되어 있으니 만일 발이 말하기를 "나는 손이 아니므로 몸에 속하지 아니한다." 하여 그것이 몸에 속하지 않는 것이냐? 또 만일 귀가 말하기를 "나는 눈이 아니므로 몸에 속하지 아니한다." 한다면 이로 인하여 그것이 몸에 속하지 않는 것이냐? … 그러나 이제 하나님께서는 친히 원하시는 대로 지체들 각각을 몸 안에 두셨느니라. 만일 모두 다 한 지체이면 몸은 어디겠느냐? 그러나 이제 지체들은 많아도 한 몸이니라. … 우리의 아름다운 지체들은 요구할 것이 없느니라. 오직 하나님께서는 그 몸을 고르게 하사 부족한 지체에게 더 많은 존귀를 주셨으니, 이는 몸 안에 분열이 없게 하실 뿐만 아니라 지체들이 서로에게 동일한 관심을 가지게 함이라. 만일 한 지체가 고통을 받으면 모든 지체가 그와 함께 고통을 받으며 만일 한 지체가 영광을 얻으면 모든 지체가 함께 기뻐하느니라. 이제 너희는 그리스도의 몸이요 개별적으로는 그 지체들이라.』

위 구절은 그리스도인이 한 몸을 이루며, 지체들 간에 어떤 관계를 갖는지를 자세히 말씀한다. 구원받은 그리스도인들은 그리스도의 한 몸이기에 분열될 수 없고, 서로에게 "당신은 필요없다" 고 말할 수 없는 것이다.

우리는 이 말씀을 잘 이해해야 한다. 이 말씀을 이해할 때 그리스도인의 정상적인 교제를 가질 수 있다. 어떤 한 지체도 무시할 수 없는 것이고, 지체들 간에 서로 협력해야 한다.

(3) 복음에 동참한 동역자의 관계

빌 1:5 『첫날부터 지금까지 너희가 복음에 동참함이라.』

그리스도인 모두는 복음을 전파하기 위한 동료 일꾼인 동시에 영적 전쟁에 참여한 그리스도의 군사이다.

딤후 2:3 『그런즉 너는 예수 그리스도의 훌륭한 군사로서 고난을 견뎌 내라.』

구원받은 자들이 서로 간에 어떤 관계를 갖는지 분명히 인지할 때 각자 맡은 임무를 충실히 할 수 있고 진정한 교제를 나눌 수 있다.

정상적인 교제의 방법

(1) 각자가 자신의 짐을 져야 한다

갈 6:5 『각 사람은 자기 자신의 짐을 질 것이니라.』

각자가 자신의 짐을 지지 않고 이를 다른 사람에게 떠맡기면 나중에는 정상적인 교제가 되지 못하고 나쁜 교제가 되며, 교제는 깨지게 된다. 가정 안에서도 아버지, 어머니, 남편, 아내, 자녀가 각자 해야 할 일들을 할 때 정상적인 가족 간의 교제가 존재할 수 있듯이, 그리스도의 몸도 지체들이 서로 협력하고 도울 때 제 기능을 발휘할 수 있다.

다른 말로 하면 자신이 맡은 바를 잘 이행해야 복음 전파가 효과적이 이루어진다는 것이다. 우리 모두가 서로의 동역자인데 어떤 사람은 늘 놀기만 하고 특정 사람들만 복음을 전한다면 그 교제는 깨질 수밖에 없다.

(2) 사랑으로 서로 섬겨야 한다

갈 5:13 『형제들아, 너희가 자유에로 부름을 받았으니 그 자유를 육신을 위한 계기로 삼지 말고 사랑으로 서로 섬기라.』

섬김을 받으려고만 할 때 진정한 교제가 있을 수 없다. 다른 사람을 섬기는 것을 좋아할 사람은 없다. 그러나 주님께서는 제자들 간에 문제가 생겼을 때, 높아지려면 섬기는 자가 되라고 하셨다. 다른 사람들 위에서 억압하려 하지 말고 사랑으로 섬기라는 말씀이다. 사랑은 주는 것이기에 사랑을 실천하려면 그 사람을 위해 시간이나 노력 등을 주어야 한다.

반면에 이기적인 사람은 섬길 수 없다. 그런 사람은 섬기지 않고 섬김을 받으려고만 하기 때문이다. 사랑을 받으려고만 하면 진정한 교제를 할 수 없다. 로마서 13:8에도 우리가 사랑하는 마음으로 상대를 섬길 때 그 사람과 교제를 나눌 수 있음을 볼 수 있다.

롬 13:8 『서로 사랑하는 것 외에는 아무에게도 어떤 빚도 지지 말라. 다른 사람을 사랑하는 사람은 율법을 이룬 것이니라.』

(3) 겸손함으로 섬겨야 한다

빌 2:1-3 『그러므로 그리스도 안에 어떤 격려나 사랑의 위로나 성령의 교제나 인정이나 자비가 있다면 같은 생각이 되어 같은 사랑을 가지고 하나 되고 한 생각이 되어 너희는 나의 기쁨을 이루라. 어떤 일도 다툼이나 허영을 따라서 하지 말고 오직 생각의 겸손함으로 남을 자신들보다 존중하고』

다른 사람이 나보다 낫다는 것은 우리 육신이 가장 인정하기 싫어하는 것이다. 우리 모두는 '내가 저 사람보다는 낫다' 는 생각을 갖는다. 그러나 그것은 죄이다. 성경은 위 말씀과 같이 성도 간에 겸손함으로 남을 자신보다 존중하라고 하신다.

(4) 거짓되이 사귀지 말고 친절을 보이라

엡 4:25,32 『그러므로 거짓을 버리고 각자 자기의 이웃과 더불어 진리를 말하라. 이는 우리가 서로 지체이기 때문이라. 너희는 서로 친절하고 다정다감하며 서로 용서하되 하나님께서 그리스도를 위하여 너희를 용서하신 것같이 하라.』

뒤에 "서로 지체" 라는 말씀에서 여기서 이웃은 구원받은 자를 뜻함을 알 수 있다. 자신의 이익을 위해서 성도의 탈을 쓰고 거짓되이 성도를 대하지 말아야 한다. 정직해야만 진정한 교제를 가질 수 있다. 교제를 할 때 어떤 사람이 자신의 목적을 위해 거짓 말을 한다면 교제가 될 수 없다. 또한 32절에 친절하게 교제하라는 말씀은 성도 간의 교제를 할 때 그 자세가 친절하고 다정다감해야 한다는 뜻이다.

(5) 위로하고 세워주라

살전 5:11 『그러므로 너희가 행하고 있는 것처럼 서로 위로하고 서로를 세워주라.』

이 말씀은 문맥적으로 (살전 4:18, 『그러므로 이러한 말로 서로 위로하라.』) 우리가 부활된 몸을 입을 날이 가까이 왔으니 어려운 일을 당했을 때 슬퍼하지 말고 하나님 말씀으로 서로 위로하라는 뜻이다. 세상에서 어려움과 환난이 있지만 부활의 소망을 갖고 성도 간에 서로를 위로하고 세워주라는 말씀이다.

엡 4:29 『너희 입에서 어떠한 더러운 말도 나오지 아니하게 하고 오직 서로를 세우는 데 필요한 좋은 것만을 말하여 듣는 자들에게 은혜를 끼치게 하라.』

위 말씀처럼 교회 밖에서 지체들을 깎아내리거나 비난하는 말을 하지 말고 좋은 말로써 세워주어야 한다.

(6) 서로를 받아들이라

롬 15:5-7 『이제 인내와 위로의 하나님께서 너희에게 그리스도 예수를 따라서 서로 같은 생각을 갖게 하사 한 생각과 한 입으로 하나님, 곧 우리 주 예수 그리스도의 아버지께 영광을 돌리게 하시길 원하노라. 그러므로 그리스도께서도 하나님의 영광에 이르도록 우리를 받아들이신 것같이 너희도 서로를 받아들이라.』

진정한 교제는 앞서 설명했듯이 분파를 이루어서 하는 것이 아니다. 교회에는 여러 부류의 사람들이 모이게 된다. 어떤 교회가 부자들만의 모임이거나 가난한 사람들만의 모임이라 한다면 그 교회는 잘못된 것이다. 교회는 여러 부류의 사람들이 믿음으로 하나 된 모임이지 사회적 지위나 돈, 명예, 권세로 모이는 사회적 집단이 아니기 때문이다.

"서로를 받아들이라" 는 말씀은 연약한 지체가 고의가 아닌 무지로 인해 어떤 잘못을 저질렀다면 교제를 끊지 말고, 인내를 갖고 그가 성장할 때까지 참아야 한다는 뜻이다. 모든 성도가 하루아침에 성장하는 것이 아니다. 누군가를 받아들이지 않는다는 것은 마음에 교만이 있기 때문이며, '내가 너보다 낫고, 너는 무지하다' 라는 마음이 있기 때문이다.

(7) 온유의 영으로 상대의 잘못을 바로잡으라

갈 6:1 『형제들아, 어떤 사람이 무슨 잘못을 범하였으면 영적인 너희는 온유의 영으로 그런 자를 바로잡고 네 자신을 돌아보아 너도 시험을 받지 아니하도록 하라.』

상대가 잘못을 했을 때 인내를 갖고 그 사람을 진정으로 사랑하는 마음으로 대해야 하는 것이지 사랑이 없이 정죄만 하는 것은 잘못된 것이다. 우리는 이런 정죄만 하는 잘못을 많이 범하는데, 이러한 잘못으로 교제가 끊어지게 된다.

교제는 혼자 하는 것이 아니라 쌍방의 관계에서 이루어지는 것이다. 위와 같은 일곱 가지 태도를 갖추지 못했을 때 진정한 교제를 가질 수 없다. 한편, 우리가 이렇게 성경이 말씀하시는 대로 교제를 하는데 이를 받아들이지 않는 사람들이 있다. 이런 사람들을 어떻게 대해야 하는지 살펴보자.

교제가 끊어지는 이유들

요일 1:7 『그러나 그분이 빛 가운데 계신 것같이 우리도 빛 가운데 행하면 우리가 서로 간에 교제가 있게 되고, 그의 아들 예수 그리스도의 피가 우리를 모든 죄에서 깨끗하게 하시느니라.』

교제는 빛 가운데 행할 때에만 이루어진다. 어두움 가운데 있는 성도(죄 가운데 있는 성도)와는 교제를 할 수 없다. 그리스도인이 하나님과 갖는 교제에서도 죄가 있을 때 하나님과의 교제가 끊기듯, 성도 간의 교제에서도 빛 가운데서 행하지 않고 죄 가운데 있는 사람과는 교제를 할 수가 없다. 즉 죄로 인해 교제가 단절되는 것이다. 이런 사람들에게 우리는 어떻게 대해야 하는지 살펴보려 하는데, 이 말씀은 성도가 잘못을 저질렀을 때 그리스도인들이 따라야 할 지침이다.

마 18:15–17 『또 네 형제가 네게 죄를 짓거든 가서 너와 그 사람만 있을 때 그에게 그의 잘못을 일러주라. 만일 그가 네 말을 들으면 너는 네 형제를 얻은 것이라. 그러나 만일 그가 네 말을 듣지 아니하면 너 외에 한두 사람을 더 데리고 가서 두세 증인의 입으로 모든 말을 입증하게 하라. 그래도 그가 말을 듣지 아니하거든 교회에다 말하고, 교회의 말도 듣지 아니하거든 그 사람을 이교도나 세리와 같이 여기라.』

(1) 당사자들 간에 먼저 이야기한다(15절): 이렇게 하지 않고 제삼자에게 먼저 이야기를 하면 문제의 본질이 변질되고, 죄를 지은 상대방 성도는 회개할 수 없게 되어 그를 잃어버리게 된다.
(2) 듣지 않을 때는 다른 성도를 대동해서 이야기한다(16절): 죄를 지은 상대방이 죄를 회개하지 않고 변명을 하고, 오히려 자신이 옳다고 할 때 두세 증인을 대동하여 잘못된 점을 일깨워 주고 잘못한 성도가 회개할 수 있도록 다시 한 번 기회를 준다.

(3) 지역교회에 공개적으로 말한다(17절): 위의 두 방법으로도 듣지 않을 때는 교회에 알리고, 이도 듣지 않을 때는 이교도와 같이 상대하지 않아야 한다. 혹자는 이러한 방법이 사랑이 없다고 하나, 이렇게 함으로써 그 사람이 자신을 돌아보는 기회가 생기는 것이다. 이것이 성경적인 지침이다.

정리하면, 교제란 만나서 이야기하는 것이 아니라 전체적인 믿음 생활을 뜻하는 것이며, 복음의 동역자로서 수행하는 모든 임무들, 행동들을 뜻하는 것이다.

11

구원받은 자의 죄

이제 막 주 예수 그리스도를 자신의 구세주로 믿어 거듭난 이들은 영원한 생명을 갖게 된 기쁨과 하늘나라에 대한 소망을 갖고, 열정적으로 믿음 생활을 시작하게 된다. 그런데 믿음 생활 중 가장 큰 혼동을 주는 것이 바로 구원받은 후에 죄를 짓는 문제이다. 새로운 피조물이 되어 주님을 섬기는 삶을 살면서 자신이 과거에 짓던 죄를 반복하게 될 때 혼동에 빠진다. '내가 구원을 받고도 죄를 지으면 구원을 잃어버리는 것이 아닌가?' '구원을 받았는데 죄를 지으면 어떻게 되는 것인가?' 하고 생각하는 것이다.

그래서 "구원받고 난 후 죄를 지으면 구원을 잃어버리고 지옥에 간다" 고 잘못 가르치는 교단과 목사들이 나오게 되었다. 반대로 구원은 받았고 과거, 현재, 미래의 모든 죄가 사함받았기에 죄를 지어도 좋고 아무렇게나 살아도 된다고 하는 자들 또한 생겨났다. 이러한 가르침은 둘 다 성경적이지 못한 교리이다. 이런 극단적인 자들에게 속지 않기 위해서는 성경을 알아야 하고 구원받은 자가 짓는 죄에 대한 교리를 공부해야 한다.

구원받은 자의 죄에 대해 잘못된 가르침 (1)

관련 구절들을 통해 구원받은 자의 죄에 대한 잘못된 가르침은 무엇이며, 죄에 대한 바른 교리는 무엇인지 살펴보자.

롬 5:20 『율법이 들어온 것은 범죄가 많아지게 하려는 것이라. 그러나 죄가 많아진 곳에 은혜가 더욱 넘쳤나니 죄가 군림하여 사망에 이른 것같이 은혜도 의를 통하여 군림하여 예수 그리스도 우리 주로 인해 영원한 생명에 이르게 하려는 것이니라.』

위 구절은 율법의 목적이 죄를 알게 하는 것이고, 이 세상은 율법으로 더욱 죄가 많아졌다고 말씀한다. 구약 시대에는 죄가 넘쳤으나 여전히 하나님의 은혜가 있었고, 신약 시대인 지금은 예수 그리스도의 대속으로 하나님의 은혜가 넘치게 되었다.

롬 6:1,2 『그런즉 우리가 무슨 말을 하리요? 은혜가 넘치게 하려고 죄에 거하겠느냐? 결코 그럴 수 없느니라. 죄에게 죽은 우리가 어떻게 더 이상 그 가운데 살겠느냐?』

이 구절은 구원받은 자의 죄에 대해 "우리는 죄의 품성을 갖고 태어난 죄인이고 육신을 갖고 있는 한 죄를 지을 수밖에 없는 존재들이니 죄를 지어도 괜찮다" 고 하는 것이 잘못된 것임을 설명한다.

사도 바울 당시에도 그렇게 말하는 자들이 있었다. 바울은 1절에서 "은혜가 넘치게 하려고 죄에 거하겠느냐?" 라고 반문하며, 2절에서 "결코 그럴 수 없느니라" 고 단정짓는다. 즉 구원받은 자가 죄를 지어도 괜찮은 것이 아니며, 그리스도의 보혈로 그리스도와 함께 죄에게 죽은 자는 죄 가운데 살 수 없다고 말한다.

예를 들어 설명하자면, 살인자가 구원받아 영생을 얻은 것과, 선하게 살고자 최선을 다해 살던 자가 죄인임을 깨닫고 구원받아 영생을 받은 것을 비교할 때, 실질적으로는 구원받은 살인자가 개인적으로 더 큰 은혜를 느낄 것이다. 그렇다고 더 큰 은혜를 받기 위해 살인자의 삶을 살 수 없는 것이다. 이것이 바울이 "결코 그럴 수 없다" 고 하는 말의 의미이다. 그리스도인은 죄에 대해 죽고 새로운 피조물로 태어난 자들이기에 죄를 지어도 무방한 것이 아니다.

롬 6:14,15 『죄가 너희를 주관하지 못하리니 이는 너희가 율법 아래 있지 아니하고 은혜 아래 있기 때문이라. 그런즉 어떻게 하리요? 우리가 율법 아래 있지 아니하고 은혜 아래 있으니 죄를 지어도 된다는 말이냐? 결코 그럴 수 없느니라.』

위 구절은 주님께서 율법의 저주로부터 우리를 구원해 주시고 율법에서 자유함을 주셨기 때문에 우리가 율법 아래 있지 않다고 말씀한다. 그러나 예수 그리스도의 은혜로 구원을 받았다고 해서 죄 가운데 살아서는 결코 안된다고 말씀한다. 따라서 구원받은 후 죄를 지어도 괜찮다는 말은 잘못된 것이다.

롬 6:18,19 『죄에서 해방되어 의의 종이 되었음이라. 너희의 육신이 연약하므로 내가 사람의 방식대로 말하노니 전에는 너희가 너희 지체를 부정과 불법의 종으로 내어주어 불법에 이른 것같이 이제는 너희 지체를 의의 종으로 드려 거룩함에 이르라.』

성령님께서 우리 안에 계시다고 해서 우리가 자동적으로 죄를 안 짓게 되는 것이 아니다. 구원받은 후 자신의 지체를 의의 종으로 드림으로써 거룩함에 이르는 것이 우리가 해야 하는 일이다. 우리가 거룩함을 이룰 수 있는지 여부는 우리가 성령님을 따르는지 여부에 달린 문제이다.

롬 6:20,21 『너희가 죄의 종이었을 때에는 의로부터는 자유로웠느니라. 그런즉 너희가 지금 부끄럽게 여기는 그 일들에서 그때에 무슨 열매를 얻었느냐? 그런 일들의 끝은 사망이니라.』

구원받은 자가 육신의 죄 가운데 살면 죽음을 가져온다. 주님께서 우리들의 '혼'을 지옥으로부터 구원해 주시고 '영'을 거듭나게 해 주셨는데, 구원받은 자로서 계속해서 죄를 짓는다면 주님께 영광이 되지 못하고, 몸으로 지은 죄로 인하여 그 몸에 징계를 받게 된다. 이처럼 구원을 받은 뒤 아무렇게나 살아도 된다는 가르침은 잘못된 것임을 성경을 통해서 확인할 수 있다.

구원받은 자의 죄에 대해 잘못된 가르침 (2)

구원받은 자가 죄를 지으면 지옥에 간다는 말은 은사주의자, 성결교, 그리스도의 교회, 알미니안주의자 등의 주장이다. 이들에게 "당신은 죄를 짓지 않는가?"라고 물으면, "고의적인 죄를 지으면 지옥에 가고, 고의적이지 않은 죄를 지으면 지옥에 가지 않는다"고 대답한다.

그런데 성경의 말씀을 알고도 고의적으로 죄를 지은 적이 과연 없는지 생각해 보라. 성경 말씀을 알고서도 죄를 짓는 것이 사람들의 모습이다. 고의적으로 죄를 지으면 지옥에 간다고 하는 사람들은 구원받은 자도 죄를 지을 수 있다는 것을 믿지 않는 것이며 구원의 영원한 보장을 믿지 않는 것이다.

그런 사람들은 항상 불안 속에 산다. 죄를 지으면 성령님이 떠났다고 믿고, 기분이 나빠지면 구원을 잃어버렸다고 생각해 두려움과 불안 속에 살게 되고, 심지어 정신 이상이 생기기도 한다. 이런 사람들은 구원받지 못한 사람들이다. 성령님께서는 구원받은 자를 인치시고 떠나시지 않는다고 성경이 말씀하기 때문이다.

그들은 구원받지 못한 상태에서 이상한 표적이나 이적을 경험하는 것이나 소위 '방언'을 하는 것이 성령을 받은 것이라고 착각한다. 이들은 하나님의 말씀으로 구원받지 못했기 때문에 표적과 이적, 이상한 은사 등을 찾는 것이다. 우리는 이런 사람들에게 하나님 말씀을 전하고 가르쳐야 한다.

성경에서 "완전하다"(perfect)라는 말은 "죄 없음"(sinless)을 뜻하지 않는다. 육신을 입고서 예수 그리스도와 같이 죄없이 완벽한 삶을 살 수 있는 사람은 없다. 그러나 성령께서 인도해 주시는 대로, 빛으로 밝혀 주시는 대로 성령님을 따를 때 열매를 맺게 되어 온전해질 수 있는 것이다. 한글킹제임스성경은 'perfect'를 "온전함"으로 번역했다. 우리는 성령님을 따라갈 때에 온전하게 살 수 있다. 예수 그리스도와 같이 죄없이 살 수는 없지만 온전하게 살 수 있는 것이다.

성경에서 자신은 완벽하기에 죄를 짓지 않는다고 하는 사람들이 있었다. 이들에게 성경이 무엇이라고 말씀하시는지 살펴보자.

요일 1:8-10 『만일 우리가 우리에게 아무 죄도 없다고 말하면 우리 자신을 속이는 것이요, 진리가 우리 안에 있지 아니하나 우리가 우리 죄들을 자백하면 그는 신실하시고 의로우셔서 우리 죄들을 용서하시며, 모든 불의에서 우리를 깨끗하게 하시느니라. 만일 우리가 죄를 짓지 아니하였다고 말하면 우리는 그분을 거짓말쟁이로 만드는 것이요, 그분의 말씀이 우리 안에 있지 아니하니라.』

자신에게 아무 죄도 없다, 자신은 죄를 짓지 않았다고 말하는 자들은 자신을 속이는 것이고 그 안에 진리가 없는 것이다(8절). 그들은 또한 하나님을 거짓말쟁이로 만드는 것이고, 이런 사람 안에는 하나님의 말씀이 없다고 성경은 말씀한다(10절). 정리하면, 구원받은 자는 성령님을 좇아감으로써 온전해질 수 있으며, 반대로 구원받은 자도 육신을 따르면 얼마든지 죄를 지을 수 있다.

이제 죄가 무엇인지 성경을 통해 살펴보려 한다.

죄란 무엇인가?

하나님의 말씀에 어긋난 것은 모두 죄이다.

잠 24:9 『어리석은 생각은 죄요, 조롱하는 자는 사람들에게 가증하니라.』

잠 21:4 『높은 눈과 교만한 마음과 악인의 쟁기질은 죄니라.』

어리석은 생각도 죄라고 하시니 어리석음에 빠진 경험이 많은 우리 모두는 죄를 지은 것이다. 또 높은 눈과 교만한 마음도 죄라고 하시는 데서 남을 깔보는 눈을 가지고 '내가 남보다 낫다'는 마음으로 세상을 살아왔던 우리는 모두 죄 속에서 살았던 것을 알 수 있다.

약 4:17 『그러므로 선을 행할 줄 알면서도 행치 아니하는 자에게는 그것이 그 사람에게 죄가 되느니라.』

선을 행할 줄 알면서도 행하지 않은 것이 죄다. 이것을 우리에게 적용하여 보면, 성경공부를 해야 하는 것을 알면서도 안 하는 것이 죄이며, 나가서 구령을 해야 하는데 안 하는 것이 죄이고,

기도 생활을 해야 하는데 안 하는 것이 또한 죄이며, 형제를 사랑해야 하는데 사랑하지 않은 이 모든 것이 죄이다.

이러한 죄의 결과는 하나님의 화를 불러오는 것이다. 죄는 우리 자신의 관점이 아닌, 성경에서 말씀하시는 하나님의 기준(거룩하신 하나님의 성품)으로 보아야 한다. 자신의 관점에서 죄를 보면서 '다른 사람도 다 그렇게 하는데' 하는 마음을 갖는다면 죄에서 벗어나지 못하고 그 결과 하나님의 징계를 받게 된다.

잠 6:16-19 『이 여섯 가지를 주께서 싫어하시며, 정녕, 그에게 가증한 것이 일곱이니 교만한 눈과, 거짓말하는 혀와, 무죄한 피를 흘리는 손과, 악한 계획들을 꾸미는 마음과, 악으로 달려가는 데 빠른 발과, 거짓을 말하는 거짓 증인과, 형제간에 불화를 일으키는 자니라.』

'나는 구원받았으니까 죄가 없다' 고 하는 것은 잘못된 것이다. 우리가 위에 나열된 죄들을 범한다면 이는 하나님께서 싫어하시고 가증하게 여기시는 것이다. 하나님께서는 구원받은 주님의 자녀가 죄를 지으면 그를 바로잡아 더러운 죄에서 빠져나오도록 하신다. 이러한 이유로 하나님께서 노하시고 징계하시는 것은 당연한 일이다. 육신의 부모가 자식이 잘못을 범하고 그릇된 길로 갈 때 화를 내고 징계하는 것과 같은 이치이다.

죄의 결과들

성경은 구원받은 자가 죄를 지었을 때 잃어버리는 것들에 대해 말씀하신다.

(1) 기쁨을 잃어버린다

요 15:10,11 『내가 나의 아버지의 계명들을 지켜서 그분의 사랑 안에 거하는 것같이 너희도 나의 계명들을 지키면 나의 사랑 안에 거하리라. 내가 이런 것을 너희에게 말한 것은 나의 기쁨이 너희 안에 머물러 있어 너희의 기쁨이 충만하게 하려는 것이라.』

하나님의 사랑 안에 거하기 원하면 하나님의 말씀을 지켜야 하고(10절), 기쁨이 충만하려면 죄를 짓지 않아야 한다(11절).

(2) 주님과의 교제가 끊어진다

요일 1:6 『만일 우리가 하나님과 교제가 있다 하면서 어두움 가운데 행하면 우리가 거짓말하는 것이며 진리를 행하지 아니하는 것이라.』

죄는 분리를 가져오기에 죄를 지으면 주님과의 교제가 끊어진다. 위의 말씀에서 어두움 가운데 있다는 말씀은 죄 가운데 있다는 뜻이다. 그 결과 하나님과의 교제가 끊어지게 되며, 더 나가서 하나님과의 관계뿐 아니라 믿음의 형제 자매들과의 관계도 끊어지게 된다.

(3) 기도의 응답이 없다

요일 3:18-22 『나의 어린 자녀들아, 우리가 말이나 혀로 사랑하지 말고 행동과 진리로 하자. 이로써 우리가 진리에 속한 줄 알고 또 그분 앞에서 우리의 마음을 확고히 하리라. 이는 만일 우리 마음이 우리를 정죄한다면 하나님은 우리 마음보다 더 크시고 모든 것을 아시기 때문이라. 사랑하는 자들아, 만일 우리 마음이 우리를 정죄하지 아니하면 우리가 하나님 앞에서 담대함을 얻고 무엇이든지 구하는 것을 그에게서 받나니, 이는 우리가 그의 계명들을 지키고 그의 목전에 기쁨이 되는 일들을 행함이라.』

죄로 인해 하나님과의 교제가 없어지면 기도의 응답을 받지 못한다.

(4) 징계를 받는다

히 12:4-6 『너희가 죄와 맞서서 싸우되 아직 피흘리기까지는 대항하지 않았으며, 또 마치 자녀들에게 했던 것과 같이 너희에게 권면하신 말씀을 잊었으니, 곧 "내 아들아, 주의 징계를 경시하지 말고, 책망을 받을 때에 낙심하지 말라. 주께서 그의 사랑하시는 자를 징계하시고, 그가 받으시는 아들마다 매질하시느니라." 고 하신 것이라.』

거듭난 자들은 주님의 자녀이며 주님께서는 자녀를 사랑하시기에 징계하시는데, 징계에 대한 가르침을 성경에서 찾아보자.

고전 11:27-30 『그러므로 누구든지 합당치 않게 이 빵을 먹고 주의 이 잔을 마시는 자는 주의 몸과 피에 대해 죄를 짓는 것이라. 사람이 자신을 살펴보고 나서 그 빵을 먹고 그 잔을 마셔야 하리니 이는 주의 몸을 분별하지 못하고 합당치 않게 먹고 마시는 자는 자신의 저주를 먹고 마시는 것이기 때문이라. 이 때문에 너희 가운데 많은 사람이 약하고 병들었으며 상당수가 잠들었느니라.』

고린도 교회에서 주의 만찬으로 문제가 발생했는데, 말씀에 따라 주의 만찬을 갖지 않고 죄를 짓는 일이 일어났다. 이에 주님께서는 죄 지은 자들에게 질병을 주시고 약하게 만들거나 병으로 죽는 징계를 내리셨다.

고전 5:9-13 『내가 너희에게 쓴 편지에는 음행하는 자들과 사귀지 말라고 하였으나 이는 이 세상의 음행하는 자들이나 탐욕하는 자들이나 약탈하는 자들이나 우상 숭배하는 자들과 전혀 함께하지 말라는 것이 아니니 그렇게 하려면 너희가 세상 밖으로 나가야 할 것이니라. 그러나 이제 내가 너희에게 쓰는 것은 만일 형제라고 하는 어떤 자가 음행을 하는 자거나 탐욕하는 자거나 우상 숭배하는 자거나 욕설하는 자거나 술 취하는 자거나 약탈하는 자이거든 사귀지도 말고 그런 자와는 함께 먹지도 말라는 것이라. 밖에 있는 자들을 판단하는 것이야 내게 무슨 상관이 있으리요마는 안에 있는 사람들이야 너희가 판단하지 아니하겠느냐? 밖에 있는 자들은 하나님께서 판단하시나니 그러한 악한 사람은 너희 가운데서 쫓아내라.』

형제라고 하는 자가 악한 행위를 하면 사귀지 말고 먹지도 말라 하시고(11절), 이런 자들은 판단하라고 말씀한다(12절). 성경에 "판단하지 말라"는 말씀이 있다고 해서 우리가 무조건 아무것도 판단하지 말아야 하는 것이 아니다. 우리가 성경적으로 판단해야 하는 것들이 있는데, 교회 내에서 죄를 짓는 자들을 판단하는 것이 그 중 하나다. "안에 있는 사람들"을 판단해서 그런 악한 사람은 쫓아내라는 것이 하나님의 명령이다. 믿는 자로서 죄를 계속 지으면 하나님께 징계받을 뿐 아니라 교회에서도 징계를 받는다.

(5) 주님 앞에서 수치를 당한다

고후 5:9,10 『이 때문에 우리가 애쓰는 것은 거하든지 떠나 있든지 그분을 기쁘시게 해 드리기를 바라는 것이라. 이는 우리 모두가 반드시 그리스도의 심판석 앞에 나아가서 선이든지 악이든지 각자 자기가 행한 것에 따라, 자기 몸으로 행한 것들을 받을 것이기 때문이라.』

구원받은 후 죄를 짓게 되면 이 세상에서뿐 아니라 그리스도의 심판석에서 수치를 당하게 된다. 이는 구원받은 모든 사람들 앞에서, 또 주님 앞에서 당하는 수치이기에 생각만 해도 두려운 일이다.

앞에서 구원받은 자들이 죄를 지은 결과로 잃어버리는 네 가지 것들을 살펴보았다. 구원받은 자들은 죄를 지었으면 주님께 바로 자백하고 그 죄로부터 돌아서서 죄를 이기는 믿음의 생활을 해야 한다.

구원받은 자가 죄를 지었을 때 해야 할 일

구원받은 자가 죄를 지으면 구원을 잃어버리는 것이 아니지만 자신의 건강, 재물, 사랑하는 사람, 자식 등을 잃어버릴 수 있다. 만약 죄를 지었다면 하나님께 정죄받기 전에 먼저 자신의 죄를 스스로 정죄, 즉 자백해야 한다.

앞에서 살펴본 요한일서 1:9의 말씀대로 『(우리가 우리 죄들을 자백하면 그는 신실하시고 의로우셔서 우리 죄들을 용서하시며, 모든 불의에서 우리를 깨끗하게 하시느니라.)』 죄를 지었을 때 죄를 고집해서는 안 된다. 죄를 하나님의 관점에서 보고, 자백하고 그 죄에서 돌이켜 바른 믿음 생활로 돌아와야 한다.

주님께서 베드로의 발을 씻기려 하실 때(요 13:6-11) 이를 막은 베드로에게 "너를 씻기지 않으면 너는 나와 상관없다" 고 하셨고, 이에 "발뿐만 아니라 손과 머리도 씻어 주소서" 라고 한 그에게 이미 목욕한 사람은 발밖에 씻을 필요가 없다고 하셨다. 즉, 구원을 받은 자(목욕한 자)는 다시 구원을 받을 필요는 없지만 발(육신)은 세상에 나가 걸어 다니기에 씻어야 하는 것이다.
그러나 구원받은 자로서 가장 현명한 것은 죄를 짓지 않는 것이고, 죄를 지었다면 바로 자백하는(씻는) 것이다.

시 119:9-11 『청년이 무엇으로 자기 길을 정결케 하리이까? 주의 말씀을 따라 조심할 것이니이다. 내가 전심으로 주를 찾았으니 오 나로 주의 계명에서 벗어나지 않게 하소서. 주의 말씀을 내 마음에 간직하였으니 이는 내가 주께 범죄치 아니하려 함이니이다.』

죄를 짓지 않으려면 주의 말씀을 따라야 한다. 그런 이유로 우리는 성경을 공부해야 하고 매일 성경을 읽어야 하는 것이다. 이와 반대로 구원은 받았지만 성경 공부도 안 하고, 설교도 안 듣고, 집에서도 성경을 읽지 않을 때에는 죄 가운데 살게 된다. 구원받은 사람은 오직 하나님의 말씀을 따름으로써만 범죄하지 않을 수 있다.

12
세상 속의 그리스도인

구원받고 그리스도인이 되고 난 후에는 교회 생활을 하고 성도 간의 교제를 하며, 하나님의 말씀을 배우는 믿음 생활을 시작한다. 동시에 그리스도인은 또한 세상 가운데 산다. 교회 생활만을 하는 것이 아니라 세상 속에서도 그리스도인로서 생활해야 하는 것이다. 세상을 떠나 산 속에서 수도승이나 중같이 '수도하며' 사는 것이 아니다. 그리스도인은 세상 속에서 살아야 한다. 이것은 세상이 좋아서가 아니라 세상에서 예수 그리스도를 전하라는 것이 성경의 명령이기 때문이다.

구원받고 처음 믿음 생활을 시작하는 사람들은 어떻게 이 세상을 살아가야 할 것인지에 대한 문제에 직면하게 된다. 그 첫 번째가 가정에서 생활하면서 남편으로서, 아내로서, 부모로서, 자녀로서 그리스도인의 역할을 하는 것이다. 세상 속에서 사는 그리스도인의 생활 중 가정, 그 안에서도 남편에게 주시는 하나님의 말씀을 먼저 살펴보자.

가정에서의 남편의 역할

엡 5:25-27 『남편들아, 너희는 자기 아내를 사랑하되 그리스도께서 교회를 사랑하셔서 교회를 위하여 자신을 주신 것같이 하라. 이는 그가 교회를 말씀에 의한 물로 씻어 거룩하게 하시고 깨끗게 하사 자기 앞에 영광스러운 교회로 나타내서 점이나 주름진 것이나 또는 그러한 것들이 없이 거룩하고 흠 없게 하려 하심이니라.』

에베소서 5장은 남편과 아내의 관계와 역할에 대해 말씀한다. 바울은 남편과 아내의 관계를 그리스도와 교회의 관계에 비유하며 각자가 따라야 할 명령을 기록하고 있다. 그리스도인 남편은 우선 하나님을 두려워하는 남편이 되어야 한다.

또한 남편이 해야 할 것은 자신의 아내를 사랑하는 것이다. 그리스도께서 교회를 사랑하셔서 자신을 주신 것같이, 남편은 자신의 몸을 바쳐서 아내를 위해서 죽을 수 있을 정도로 사랑해야 한다. 남편이 주님을 두려워하는 사람이라면 이같은 하나님의 말씀을 따를 것이다. 남편에게 주시는 이런 명령을 따르는지 아닌지를 보면 그가 진정으로 주님을 두려워하는 사람인지를 확인할 수 있다.

엡 5:28-33 『그러므로 남자들은 자기 아내를 자신들의 몸처럼 사랑해야만 하리니 자기 아내를 사랑하는 사람은 자기 자신을 사랑하는 것이라. 사람마다 항상 자기 육신을 미워하지 않고 오히려 육성하고 아끼기를, 주께서 교회에게 하심같이 하나니 이는 우리가 그의 몸과 그의 살과 그의 뼈의 지체임이라. 이런 까닭에 남자가 자기 아버지와 어머니를 떠나 자기 아내와 결합하여 그 둘이서 한 몸이 될지니라. 이것은 위대한 신비라. 그러나 나는 그리스도와 그 교회에 관하여 말하노라. 그러므로 너희도 각기 자기 아내를 자신처럼 사랑하고 또 아내도 그 남편을 경외하라.』

이 말씀은 누구나가 이해할 수 있는 말씀이며 오해의 여지란 전혀 없다. 위의 말씀은 남편이 첫째로 사랑해야 하는 대상이 하나님이며, 그 다음으로 아내를 사랑하되 예수 그리스도께서 교회를 위해 죽으신 것처럼 사랑하라는 것이다.

벧전 3:7 『이와 같이 너희 남편들아, 아내들을 더 연약한 그릇으로서 또 생명의 은혜를 함께 상속받을 자로서 귀히 여기되, 지식을 따라 그들과 동거하라. 이는 너희의 기도가 막히지 않게 하려 함이니라.』

여자인 아내는 연약한 그릇이다. 연약한 그릇은 떨어지면 깨지는 것이고, 깨진 그릇은 원상태로 되돌아갈 수 없다. 이처럼 남편은 아내를 연약한 그릇과 같이 여겨야 한다. "은혜를 함께 상속받을 자" 라는 말씀은 남편이 하나님의 사역을 감당할 때 아내는 남편을 돕는 자이므로 남편의 사역의 열매를 함께 상속받는다는 뜻이다.

"지식을 따라 동거하라" 는 말씀은 자신의 아내가 어떠한 사람인지 잘 알아서 그 지식에 따라 아내를 대하고, 아내의 단점 또한 잘 알아서 그것 때문에 '깨지는' 일들이 일어나지 않도록 해야 하며, 아내가 잘 하는 일을 더욱 잘 할 수 있도록 해 주어야 한다는 뜻이다. 남편들이 기도가 막히는 원인 중 하나가 아내와의 불화이므로, 기도가 막히지 않도록 하기 위해서라도 남편들은 아내를 이해하고 사랑으로 함께 살아야 한다.

가정에서의 아내

엡 5:22-24 『아내들아, 너희는 너희 자신의 남편에게 복종하기를 주께 하듯 하라. 이는 남편이 아내의 머리 됨이 그리스도께서 교회의 머리 됨과 같음이라. 그는 몸의 구주시니라. 그러므로 교회가 그리스도께 복종하듯이, 아내들도 자기 남편에게 매사에 그렇게 해야 할지니라.』

위 구절은 그리스도인 아내들이 가정에서 해야 할 일들을 말씀한다. 주님께서 아내를 위해 목숨을 내어줄 수 있는 사랑을 남편에게 명령하셨기 때문에, 아내들은 남편에게 복종할 수 있는 자세가 되어 있어야 한다. 성경에서 남편을 "주" 라 불렀던 여인이 나오는데, 그녀를 보면서 아내의 역할을 배울 수 있다.

벧전 3:1-4 『이와 같이 너희 아내들아, 너희 자신의 남편에게 복종하라. 이는 말씀에 순종하지 않는 자들일지라도 아내의 말없는 행실로 인하여 그들을 얻고자 함이니, 이는 그들이 두려움 가운데 행하는 너희의 정숙한 행실을 봄이라. 너희는 머리를 땋고 금으로 치장하거나 옷을 입는 외모로 단장하지 말고 오직 마음에 숨겨진 사람을 썩지 아니하는 것 곧 온유하고 고요한 영으로 단장할지니 그것은 하나님 보시기에 매우 값진 것이니라.』

아내들은 베드로전서 3장을 계속해서 묵상해야 한다. 여인들이 외적으로만 치장하는 것은 하나님께서 원하시는 것이 아니다. 마음에 숨겨진 사람을 단장해야 한다. 마음이 변함으로써 그것이 밖으로 드러나야 하며, 외적으로만 꾸미거나 겉으로만 정숙한 체하는 것은 아무 소용이 없는 것이다.

벧전 3:5,6 『예전에 하나님을 신뢰했던 거룩한 여인들도 이와 같이 자기 자신의 남편에게 복종함으로써 자신들을 단장하였느니라. 사라가 아브라함을 주라 부르며 복종했던 것과 같이 너희가 선을 행하고 어떤 놀라운 일에도 두려워하지 아니하면 그녀의 딸들이 되느니라.』

사라는 남편을 주라 하며 복종했던 아내였다. 아내들이 남편을 그렇게 대할 때 부부간의 문제는 사라질 것이다.

주님께서는 에베소서 5장과 베드로전서 3장에서 부부간의 관계에 대해 말씀하시는데, 우리가 이 말씀에 순종하면 부부간의 싸움이 있을 수 없다. 부부간의 문제들은 하나님의 말씀을 지키지 않는 데서 발생하는 것이다. 남편이 아내를 자신의 몸처럼, 예수 그리스도께서 교회를 위해 죽으신 것처럼 사랑하지 않기 때문에, 또 아내가 예수 그리스도께 복종하는 것처럼 남편에게 복종하지 않기 때문에 가정에서 남편과 아내 사이에 싸움이 일어나는 것이다. 그것은 우리의 육신이 드러나는 상황이다.

한 예로, 아내는 "내 남편이 하나님 말씀대로 하지 않기에 나는 남편에게 복종할 수 없다" 하고, 남편은 "내 아내가 하나님 말씀대로 나에게 복종하지 않기 때문에 나는 아내를 사랑할 수 없다" 고 한다.

이런 부부관계는 그릇 깨지듯 깨지게 된다. 우리는 "내 남편이, 내 아내가 이러저러하기에 나는 할 수 없다" 가 아니고, 오로지 자기 자신이 하나님께서 말씀하신 대로 행하는지 그렇지 않은지만 점검하면 되는 것이다. 사실 이것은 부부간의 관계만이 아니라 모든 관계에 적용되는 원칙이다.

누군가가 나를 미워하기 때문에 나도 그를 미워할 필요는 없다. 그 사람이 미워지고 그에게 화가 날 수는 있지만, 그 사람이 나를 미워한다 할지라도 나와 하나님과의 관계 속에서 내가 그 사람을 미워할 필요가 없는 것이며, 문제를 하나님께 넘기면 된다. 하나님께 넘긴다는 것은 "하나님! 저 사람을 하나님께서 살펴 주십시오" 하는 것이다.

그리스도인은 자신이, 또 자신의 배우자가 하나님의 말씀을 있는 그대로 따르는 아내와 남편이 될 수 있도록 기도해야 한다.

구원받은 사람은 교회 생활뿐만이 아니라 세상에서 남편으로서, 아내로서 어떻게 하는지가 중요하기 때문에 이 교리를 잘 배우고 실천해야 한다.

부모로서의 그리스도인

잠 22:6 『아이를 그가 마땅히 가야 할 길로 훈육하라. 그리하면 그가 늙어도 그 길을 떠나지 아니하리라.』

어떻게 아이들을 키워야 하는가? 주님께서는 부모가 아이들을 훈육하고, 징계하고, 가르치는 것을 원하신다. 예를 들어, 군대는 군인을 훈련시킨다. 훈련이 없으면 그 군인은 전쟁에서 무엇을 어떻게 해야 할지 모르기 때문에 적에게 포로로 잡히거나 목숨을 잃을 것이다. 훈련이 필요한 이유는 군인으로서의 역할과 임무를 감당하기 위해서인데, 같은 원리로 그리스도인 부모가 자녀를 제대로 훈육하지 못하면 그 자녀는 바른 믿음을 갖지 못하고 세상에 나가 죄 속에 빠지게 된다.

자녀의 훈육은 부모의 책임이며 하나님의 명령이다. 자녀를 훈육하는 것이 하나님의 뜻인데 부모가 이를 제대로 수행하지 못하면 그 아이는 "하나님의 뜻 안에서" 성장할 수 없게 된다. 부모가 개인의 믿음 생활은 잘 한다 할지라도 자식을 하나님 말씀대로 훈육하지 못했다면, 언젠가는 자식 때문에 쓰라린 상처를 입게 된다.

가장 중요한 것은 자녀들이 하나님에 대해 어떻게 생각하는지, 하나님의 말씀에 대해 어떻게 생각하는지이다. 우리가 자녀들을 하나님의 말씀이 아닌 학벌이나 재물 같은 다른 것에 중점을 두고 훈육했다면, 그것들은 신속한 파멸을 가져올 것이다. 자녀들이 부모 곁을 떠나기 전에 배워가야 할 가장 중요한 것은 "나는 하나님을 최우선으로 사랑하고 하나님의 말씀대로 살아야 한다"라는 마음을 갖는 것이다. 자녀가 이 마음을 갖고 부모의 곁을 떠나는 것이 부모에게 가장 큰 복이다.

그런데 많은 부모들이 이런 중요한 것은 잊고 부수적인 것에 매달려 아이들을 키우고 있고, 그 결과 자녀들은 세상에 빠지게 되어 죄 가운데서 살고 있다.

딛 2:4 『그들이 젊은 여자들을 가르쳐서 절제하고 남편을 사랑하며 자녀들을 사랑하고,』

여자들인 아내들은 절제하고 남편을 사랑할 뿐 아니라 자녀를 사랑해야 한다. 부모는 또한 자녀를 사랑으로 훈육해서 성나게 하지 말아야 한다.

엡 6:4 『너희 아비들아, 너희 자녀들을 성나게 하지 말고 주의 교훈과 훈계로 양육하라.』

위 말씀에 따르면 아이들을 훈육하는 동기가 부모 자신이 편해지기 위한 것이어서는 안 된다. 사랑없이 아이들을 훈육하게 되면 아이들은 금새 이를 알아차리고 이로 인해 화가 나서 잘못된 길로 나가게 된다.

예를 들어, 어떤 두 가정의 부모가 모두 성경대로 자녀를 가르쳤는데 한 가정의 아이는 제대로 자라고 다른 가정의 아이는 잘못된 길에 빠지게 되었다면, 그 이유가 무엇이겠는가? 후자의 경우, 부모가 아이를 성나게 했기 때문이다. 성나게 한다는 뜻은 아이에게 "매를 들고, 훈육을 할 때 온전히 주님 안에서 키우기 위해서 한 것이 아니라 부모 자신을 위하는 이기적인 마음에서 아이를 훈육하는 것이다. 자녀는 그것을 알아차리고 성이 나서 비뚤어진 마음을 갖게 된다.

하나님께서 이런 것을 경고하신다. 아이들을 성나게 하지 말고, 아이들이 잘못했을 때 부모가 진정으로 주님 앞에 무릎 꿇고 아이를 잘 키울 수 있도록 지혜와 능력을 달라고 구해야 한다. 그렇게 아이를 징계하고 훈육할 때에만 아이가 달라질 수 있다.

아이의 훈육은 부모 자신의 이익이 아니라 하나님의 뜻대로 자라도록 이루어지는 것이라야 한다. 그렇게 하지 못했을 때 문제가 발생하게 되고, 하나님께서는 말씀대로 실천하지 않은 가정을 사탄이 공격할 때 그것을 허락하실 수밖에 없다. 하나님은 공의로우시기에 무조건 우리를 보호하시지 않고 선이든, 악이든 심은 대로 거두게 하신다.

자녀로서의 그리스도인

엡 6:1-3 『자녀들아, 주 안에서 너희 부모에게 순종하라. 이것이 옳으니라. 네 아버지와 어머니를 공경하라. (이것이 약속 있는 첫째 계명이니) 이는 네가 잘되고 또 땅에서 장수하게 하려 함이니라.』

자녀들은 부모에게 순종하고 부모를 공경해야 한다. 아이들이 반항적이 되었다면 부모가 자녀를 잘못 훈육한 것이다. 부모에게 말대꾸하고 부모의 말을 무시하는 태도는 하나님께서 원하시는 것이 아니다.

2절에서 『약속이 있는 첫째 계명이니』라는 말씀으로 부모를 공경하는 것이 계명 중에서 하나님의 약속이 따라오는 첫째 계명임을 알 수 있다. 그 약속은 3절 말씀대로 그가 잘되고, 땅에서 장수하는 것이다.

직장에서의 그리스도인

많은 사람이 그리스도인이 된 뒤에 게을러지는 경우가 있다. 주님께서는 이런 자들에게 사도 바울을 통해 다음과 같이 말씀하신다.

살후 3:6-10 『형제들아, 우리 주 예수 그리스도의 이름으로 너희에게 명하노니, 무질서하게 행동하고 우리에게서 받은 전통을 따라 행하지 않는 모든 형제를 멀리하라. 너희가 어떻게 우리를 본받아야 할 것인지를 너희 스스로가 아나니 우리는 너희 가운데서 무질서하게 행하지 아니하였으며 아무에게서도 양식을 거저 먹지 않고, 도리어 주야로 수고하고 애써 일하여 너희 가운데 아무에게도 부담이 되지 않도록 했노라. 이는 우리에게 권리가 없어서가 아니요 다만 우리가 스스로 너희에게 본을 보여 우리를 본받게 하려 함이라. 우리가 너희와 함께 있을 때에도 너희에게 명하기를 누구든지 일하기 싫어하거든 먹지도 말라 하였노라.』

데살로니가 교회에 '주님이 곧 오신다' 고 하면서 일도 하지 않고 무질서하게 행동하며, 형제에게서 양식을 거저 먹으려는 사람들이 생기게 되었다. 사도 바울은 그런 자들에 대해 권고하며 "구원받은 자로서 일하기 싫으면 먹지도 말라" 고 기록한다.

살후 3:11,12 『우리가 들으니 너희 가운데서 무질서하게 행하여 전혀 일하지 아니하고 참견 잘하는 자들이 있다 하니 이제 우리가 우리 주 예수 그리스도를 통하여 이런 자들에게 명하고 권하노니 조용히 일하고 자기 양식을 먹으라.』

조용히 일하고 자기 양식을 먹는 것이 그리스도인이 해야 할 일이다. 자신이 일할 수 있음에도 불구하고 일하지 않고 남에게 해를 끼치는 자들을 보면, 일을 하지 않아서 남는 많은 시간을 남의 일에 참견하며 형제 자매를 험담하는 등 무질서한 일들에 쓰는 것을 본다.

이런 일들은 오늘날 우리 가운데서도 일어나고 있다. 그리스도인은 성실히 일해야 한다. 남에게 부담을 주지 않고 오히려 본을 보임으로써 예수 그리스도를 입으로도 전하고, 몸소 실천함으로써도 전해야 한다.

살전 4:11,12 『또 우리가 너희에게 명한 것같이, 너희는 조용히 하고 너희 자신의 일을 행하며 너희 손수 일하도록 힘쓰라. 이는 외부 사람들에게 단정히 행하고 또한 아무것도 궁핍함이 없게 하려 함이라.』

위 구절은 데살로니가후서 3:12의 관련 구절로, 그리스도인은 남의 일에 참견하지 말고, 조용히 손수 일함으로써 궁핍함이 없도록 해야 한다. 또한 믿지 않는 자들에게 올바로 행함으로써 책잡히지 않고 본을 보여야 한다.

그리스도인이 일을 하는 이유는 하나님을 위한 선한 일에 참여하기 위해서이다. 게을러서가 아니라 주님의 사역으로 인해 궁핍함을 겪는 자들을 지원하기 위해서 일을 하는 것이다. 이렇게 그리스도인이 손수 일하고, 주님의 사역에 동참하는 사람들의 필요를 채우도록 돕는다면, 주님께서 우리의 필요를 채워 주시고 선한 일에 넘치게 하신다고 약속하셨다.

고후 9:8 『하나님께서는 너희에게 모든 은혜를 넘치게 하실 수 있나니 모든 것을 언제나 너희가 필요한 대로 가질 수 있게 하심으로 모든 선한 일에 넘치게 하시려는 것이라.』

딤전 6:5-8,10 『마음이 부패하고, 진리를 상실하며, 이익이 경건이라 생각하는 사람들 사이에 무익한 논쟁이 일어나느니라. 그런 데서 네 자신은 빠져나오라. 그러나 만족할 줄 아는 경건은 큰 이익이 되느니라. 우리가 세상에 아무것도 가지고 온 것이 없으며 아무것도 가지고 갈 수 없는 것이 분명하니 우리에게 먹을 것과 입을 것이 있으면 이것들로 만족할 것이니라. … 돈을 사랑하는 것이 모든 악의 뿌리니, 이것을 욕심내는 어떤 사람들이 믿음에서 떠나 방황하다가 많은 슬픔으로 자신들을 찔렀도다.』

이익이 경건이라 생각하는 것은 죄라고 성경은 분명히 말씀하시나, 이 말씀과 반대로 베니 힌 등 많은 거짓 목사들은 부자가 되지 못하는 것은 경건한 삶을 살지 못한 결과라고 가르친다. 가난한 사람은 믿음이 없는 사람이라며 자신처럼 부유하게 살아야 경건한 사람이라고 말해 사람들을 속이고 있다.

성경적으로 믿는 그리스도인은 이런 말에 속지 말아야 한다. 그리스도인에게 이익이 되는 것은 6절의 "만족할 줄 아는 경건" 이다. 구원받은 자들은 먹을 것과 입을 것이 있으면 만족할 줄 알아야 하며 세상의 탐욕에 빠지지 말아야 한다. 8절이 말씀하는 "만족하는 마음" 을 가짐으로써 돈에 대한 바른 성경적 자세를 가져야 한다.

위의 말씀으로 보면 그리스도인의 물질에 대한 가치관은 "먹을 것과 입을 것이 있으면 만족하는" 것이다(8절). 예를 들어, 다른 사람의 좋은 집과 고급 차를 부러워하는 것이 아니라 자신이 가진 작은 집과 검소한 차에 만족해야 하는 것이다.

돈을 사랑하는 것은 모든 악의 뿌리이며 이로 인해 믿음에서 떠나게 된다는 사실을 알아야 한다(10절). 부유하게 되려는 마음을 갖고 모든 것을 한다면 우리는 악의 함정에 빠지게 된다. 마귀는 물질적인 복을 써서 하나님으로부터 멀어지게 할 수 있기 때문이다.

성경적인 믿음 생활을 함께 시작한 사람들 중에서 믿음에서 떨어져 나간 사람들을 보는데, 그 중 많은 경우가 돈을 사랑한 것이 그 이유였음을 알 수 있다. 그들은 "내가 이 교회를 다니고 성경적인 믿음 생활을 하면 돈을 절반밖에 벌 수 없다" 또는 "사업에 실패한다" 는 이유로 믿음에서 떨어져나갔다. 결국 돈을 사랑한 것이 원인이 된 것이다.

돈은 필요한 것이기에 열심히 일해야 하지만 정도를 넘어서 돈을 사랑하게 될 때 믿음에서 떨어져나가게 된다. 돈을 사랑하면 주님이나 주님의 일보다 돈을 더 사랑하게 되는 결과를 가져오기에 성경은 이를 "모든 악의 뿌리" 라고 말씀하는 것이다. 럭크만 박사는 "신실했던 사람이 납득이 가지 않는 행동을 하고 믿음에서 떠난다면 그 뒤에는 반드시 돈이 결부되어 있다" 고 말했다.

위 10절에서 변개된 성경은 "모든" 을 삭제했다. 그러나 돈을 사랑하는 것은 단순히 악의 뿌리가 아니라 “모든” 악의 뿌리이다.

이번 과에서는 세상 속의 그리스도인이 해야 할 일들에 대해 가정과 직장에서의 삶, 그리고 물질에 대한 태도를 중심으로 성경의 가르침을 살펴보았다. 이 세상에서 그리스도인의 삶이 쉽지만은 않지만, 주님께 맡기고 성령 충만을 구하며 말씀대로 살아간다면 주님께서 이 부분에서도 우리에게 승리를 주실 것이다.

13
표적과 은사

우리가 현재 살고 있는 이 시대에 초자연적인 은사, 표적의 은사를 받았다고 자랑하는 목사들과 교인들이 많이 있다. 그들은 다른 사람들에게는 없는 은사를 자신만이 특별히 하나님께 받았다고 한다. 그러나 이들이 말하는 '은사'는 성경이 말씀하시는 은사와 전혀 상관이 없는 것들이다.

우선 성경에서 표적의 유래를 살펴보자. 이스라엘은 민족적인 탄생부터 표적과 더불어 시작되었다. 출애굽기 4:1–8에서 모세는 막대기가 뱀이 되고 문둥병에 걸린 손이 치유되는 기적을 보임으로써 하나님께서 자신을 보내셨다는 표적을 이스라엘 백성에게 제시했으며, 이후 하나님께서는 계속해서 이스라엘 백성을 표적으로 인도하셨다.

예수 그리스도께서 오셨을 때에도 수많은 표적으로 자신이 이 땅에 오신 메시아이신 것을 알리셨지만, 이스라엘은 표적을 보고서도 주님을 거부했다. 표적은 사도들에게로 이어졌으며 이것을 성경은 "사도의 표적들"(고후 12:12)이라 칭한다. 사도들이 표적을 행한 이유는 유대인으로 하여금 표적을 행하는 자들이 하나님께서 보내신 자들임을 믿게 하기 위해서였다.

이렇듯 표적은 하나님께서 이스라엘을 인도하시는 특별한 방법이었다. 하나님께서는 이방인들을 표적으로 인도하시지 않으며, 성경은 표적이 유대인의 것이라고 말씀한다(고전 1:22, "유대인들은 표적을 구하고").

우리는 표적을 보고 믿은 것이 아니라 예수 그리스도께서 우리의 죄를 대신해서 십자가에 죽으시고 장사되셨다가 부활하신 사실, 즉 복음을 믿고 구원받았다. 성경에는 하나님께서 구원받은 그리스도인들에게 주신 은사들이 있는데, 이 은사는 일반적인 은사이지 위에 설명한 표적의 은사가 아니다.

표적의 은사와 일반적 은사

고전 12:4-11 『다양한 은사들이 있으나 성령은 동일하며, 다양한 봉사들이 있으나 주는 동일하며, 다양한 역사들이 있으나 모든 것 안에서 모든 것을 역사하시는 하나님은 동일하니라. 그러나 각 사람에게 성령의 나타나심을 주신 것은 유익을 얻게 하려 하심이라. 어떤 사람에게는 성령을 통하여 지혜의 말씀을 주시고 또 어떤 사람에게는 같은 성령을 따라 지식의 말씀을, 또 어떤 사람에게는 같은 성령으로 믿음을, 어떤 사람에게는 같은 성령으로 병 고치는 은사들을, 또 어떤 사람에게는 기적들을 행함을, 어떤 사람에게는 예언함을, 어떤 사람에게는 영들을 분별함을, 또 어떤 사람에게는 여러 가지 방언들을 말함을, 어떤 사람에게는 방언들을 통역함을 주시느니라. 그러나 이 모든 일은 한 분이신 같은 성령께서 역사하시어 그분께서 원하시는 대로 각 사람에게 나누어 주시느니라.』

사도 바울은 고린도 교회에서 은사에 대해 생겼던 문제에 대해 기록하고 있다. 육신적인 교회였던 고린도 교회는 성도들이 은사를 자랑하고 은사에 대한 문제를 일으켰다. 바울은 고린도전서 12,13,14장 전체에 걸쳐 은사에 대해 말하고 있는데 특히 방언에 대해 자세히 이야기하고 있다. 이 말씀에서 보듯 은사에는 일반적 은사(지혜의 말씀, 지식의 말씀, 믿음 등)와 표적의 은사(병 고치는 은사, 기적, 방언)가 있음을 알 수 있다.

롬 12:6-8 『그러므로 우리에게 주어진 은혜에 따라 가진 은사들이 다르니 예언이면 믿음의 분량대로 예언하고 또 섬김이면 섬기는 일로, 또 가르치는 자는 가르치는 일로, 또 권면하는 자는 권면하는 일로, 구제하는 자는 성실함으로, 지도하는 자는 근면함으로, 자비를 베푸는 자는 즐거움으로 할 것이니라.』

로마서에서는 섬기는 은사, 가르치는 은사, 권면하는 은사, 구제하는 은사, 지도하는 자의 은사, 자비를 베푸는 은사 등 일반적 은사가 언급된다. 로마서에 일반적인 은사가 아닌 표적의 은사로 얘기할 수 있는 "예언" 이 나오는 이유는 이 당시 선지자들이 있었기 때문이다. 그러나 오늘날에는 선지자들이 없고 "목사" 와 "복음 전도자" 들이 있다. 이들은 하나님의 말씀으로 미래에 대해 설교하고 말씀을 전파하는 것이 "예언" 의 역할을 하는 것이다.

위 말씀을 통해 은사주의자들이 병 고침과 기적을 행하는 것만이 성령께서 주시는 은사라고 가르치는 것이 잘못된 것임을 알 수 있다. 로마서에서 말씀하시는 이러한 은사들이 교회 시대 성도들이 갈망하는 은사가 되어야 한다. 그러나 지금 이 시대는 은사주의자들로 인해 많은 사람들이 은사에 대한 혼동 속에 있다. 이 잘못된 은사를 성경에서 찾아 비교해 보기로 한다.

우리 시대의 잘못된 은사

고린도전서 12장, 로마서 12장을 통해 은사에는 지혜의 말씀, 지식의 말씀, 믿음 등의 '일반적 은사' 와 병 고치는 은사, 기적, 방언 등의 '표적의 은사' 가 있음을 살펴보았다. 오늘날 많은 사람들이 은사에 대한 비성경적 가르침 때문에 혼동에 빠져 있고 멸망의 길로 가고 있다.

엡 4:8-13 『그러므로 말씀하시기를 "그가 위로 올라가실 때에 사로잡힌 자를 사로잡아갔고 사람들에게는 은사들을 주셨다." 고 하셨느니라. (따라서 그가 올라가셨다는 것은 그가 땅의 더 낮은 부분들로 먼저 내려가셨다는 것이 아니고 무엇이냐? 내려가셨던 그가 모든 하늘들 위로 올라가신 바로 그분이니 그가 모든 것을 충만케 하시려 함이니라.) 그가 어떤 사람들은 사도로, 어떤 사람들은 선지자로, 어떤 사람들은 복음 전도자로, 어떤 사람들은 목사와 교사로 주셨으니 이는 성도들을 온전케 하며 섬기는 일을 하게 하고 그리스도의 몸을 세우게 하여 우리 모두가 믿음의 하나 됨과 하나님의 아들을 아는 지식의 하나 됨에 도달하게 하고 온전한 사람이 되어 그리스도의 충만하심의 장성한 분량에까지 이르게 하려 하심이라.』

은사를 이야기할 때 먼저 현 시대에 있는 은사와 현재에는 없는 은사가 무엇인지를 알아야 한다. 사도들의 권능, 즉 표적의 은사는 현 시대에는 없는 은사이다. 사도들의 권능과 표적은 사도 시대가 끝나면서 사라졌기 때문이다.

이를 알 수 있는 것이 사도 시대의 끝에 가서 손수건만 만져도 병을 낳게 했던(행 19:12) 사도 바울 자신도 몸이 아파 의사인 누가를 동행하게 했고(딤후 4:11), 동역자인 트로피모가 병으로 몸져 누웠을 때 그를 밀레토에 남겨 두었으며(딤후 4:20), 아들이라 부르며 그토록 사랑하던 디모데에게도 병의 치유를 위해 포도주를 약으로 쓰라고(딤전 5:23) 했기 때문이다. 여기서 우리는 사도 시대가 끝난 후에는 사도의 표적이 그친 것을 알 수 있다.

고후 12:12 『정녕 사도의 표적들이 너희 가운데서 모든 인내와 표적들과 이적들과 능력 행함으로 판명되었거니와』

사도의 표적은 초대 교회 이후 사라졌다가 마지막 때가 다가오자 '등장' 하기 시작했는데, 1900년대에 들어서서 마귀의 영으로(살후 2:9,10) 역사하는 일들이 나오기 시작하였다.

사도들의 표적을 표방하는 자들은 성령의 역사를 흉내내면서 마귀의 일을 하고 있다. 이들은 자신들이 사도이고 사도의 권능을 계승했다며 "어떤 사람은 사도로 주셨다" 라는 에베소서 4:11의 말씀을 근거로 제시한다. 그러나 사도와 선지자의 직분은 초대교회 이후 사라졌으며, 그 후부터 현재까지는 복음 전도자와 목사, 교사들이 교회를 인도하는 것이다.

오늘날 사도직의 계승을 주장을 하는 두 부류가 있는데, 첫째는 은사주의자들이고, 둘째는 카톨릭, 여호와의 증인, 몰몬교 등 모든 이단들이다.

계 2:1,2 『에베소 교회의 천사에게 편지하라. 오른손에 일곱 별을 가지고 일곱 금촛대 가운데서 거니시는 분께서 이 일들을 말씀하시느니라. 내가 너의 행위와 수고와 인내를 알며, 또 네가 어떻게 악한 자들을 용납지 아니한 것과 자칭 사도라 하지만 아닌 자들을 시험하여 그들이 거짓말쟁이임을 찾아낸 것과』

위 구절은 계시록의 일곱 교회 중 첫 번째 교회인 에베소 교회의 일들로, 그들이 거짓 사도들을 용납하지 않고 시험해서 찾아낸 것을 주님께서는 칭찬하신다. 오늘날 우리도 그와 같이 거짓 사도들을 찾아내고 있는가? TV에 나오는 은사주의자들(헌금을 종용하는 베니힌 등 거짓 목사), 조용기 목사, 김기동 목사 등 모든 은사주의자들은 거짓 사도들이다. 성경적으로 믿는 사람들은 그 누구도 자신이 사도이며 사도직의 계승자라고 말하지 않는다. 그런데 은사주의 목사들은 이상하게도 그렇게 이야기한다. 이런 자들에 대해 성경은 이렇게 말씀하신다.

잠 25:14 『거짓 은사를 스스로 자랑하는 자는 누구나 비 없는 구름과 바람 같으니라.』

거짓 은사를 자랑하는 은사주의 목사들은 비 없는 구름과 바람 같다는 말씀이다. 가뭄이 들어 비를 기다리고 있는데, 멀리서 비구름이 보여 비가 오기를 잔뜩 기대했다가 정작 구름이 도착했을 때 비가 오지 않은 것과 같다는 뜻이다.

이들은 주님의 말씀을 이용해서 병든 자, 가난한 자들을 속여 병을 낫게 해준다거나 복을 받게 해준다면서 속이고, 그것이 거짓말로 드러났을 때는 "당신이 믿음이 없어서, 믿음이 적어서" 라며 사람을 두 번 죽이고 있다. 이런 자들은 세상의 살인자나 흉악범보다 더욱 악한 자들이다. 이렇게 사도의 권능, 표적의 은사를 이용하는 것이 마지막 때 일어나는 일들이다.

오늘날 표적의 은사들 중에 가장 심각한 가르침은 "방언" 에 대한 것이다. 지금 우리 시대의 많은 사람들은 "이상한 방언" 을 성령의 은사로 생각하여 방언을 하지 않으면 성령을 받지 못한 것이라고 가르치고 있다. 그러나 이것은 마귀의 가르침이며, 성령을 받는 것은 구원받는 순간에 받는 것이다(엡 1:13).

그러면 방언에 대해 성경은 어떻게 말씀하시는지 찾아보자. 성경에 나오는 "진짜 방언"은 알아듣지 못하는 이상한 소리가 아닌 외국어를 말한다.

행 2:8 『그런데 어떻게 해서 우리 각 사람이 우리가 태어난 곳의 고유 언어로 말하는 것을 듣게 된단 말인가?』

또한 방언은 믿는 사람을 위한 것이 아니라 믿지 않는 자들을 위한 표적이다.

고전 14:21,22 『율법에 기록되기를 "주가 말하노라. 내가 이 백성에게 다른 방언들과 다른 입술들을 가진 사람들을 통해 말할 것이지만 그들은 그 모든 것으로도 내게 듣지 않을 것이라." 고 하였느니라. 그러므로 방언들은 믿는 사람들을 위한 것이 아니라 믿지 않는 사람들을 위한 표적이지만 예언은 믿지 않는 사람들을 위한 것이 아니고 믿는 사람들을 위한 것이라.』

위 구절의 "믿지 않는 사람들"은 표적을 보지 않고서는 믿지 않았던 유대인을 말한다. 신약 성경에서 방언에 대해 설명한 곳은 고린도전서뿐이며 성경의 다른 곳에서는 방언을 언급하지 않았다. 고린도 교회는 육신적 교회의 표상으로, 방언, 간음, 파벌,

할례 문제 등이 일어났던 교회였음을 기억해야 한다(고전 11:29).

이러한 고린도 교회를 향해 바울은 고린도전서 14장 전체에서 방언에 대해 부정적으로 말하고 있으며, 방언들이 그칠 것이라고 하고 있다(고전 13:8-10). 그의 말대로 방언은 신약 성경이 완성된 후 즉 초대 교회 이후로 사라졌다. 하나님께서 유대인들을 다루시던 데서 돌이키셔서 이방인들에게 복음을 주시면서 표적이 사용될 이유가 없어진 것이다. 이방인들은 기록된 성경 말씀을 믿으면 된다. 그런데 마지막 시대에 갑자기 은사주의 운동이 일어나며 성경에도 없는 이상한 방언이 터지는 것은 성령의 역사가 아니라 성령의 역사를 가장한 미혹의 영의 역사이다.

한국 교회에서는 수십 년을 이 거짓 은사에 속아 정신병자가 되고 가정이 파괴되는 일들이 비일비재하게 일어나고 있다. 하나님께서 방언을 주신 것은 사도행전 2:6-11, 10:44-48, 19:1-7에서 보듯 이스라엘 백성을 주님께 인도하시기 위한 것이었으며 오늘날에는 더이상 방언의 은사를 주지 않으신다. 그러면 왜 이스라엘이 표적과 관련이 있는지 살펴보자.

표적과 관련된 이스라엘과 그 역사

고전 1:21,22 『하나님의 지혜에 있어서는 세상이 그 지혜로 하나님을 알지 못하였기에 하나님께서 복음 전파의 어리석음으로 믿는 자들을 구원하시기를 기뻐하셨느니라. 유대인들은 표적을 구하고 헬라인들은 지혜를 찾지만』

유대인들은 표적을 구하기 때문에 하나님의 말씀으로 구원하지 못하는 것이다. 말씀을 거부한 유대인들처럼 지금의 한국 교회들도 순수한 복음을 받아들이지 않고 있다. 많은 교인들이 복음 전파의 어리석음(거리 설교, 개인 구령)으로 전해지는 말씀에는 귀 기울이지 않고 거짓 목사들이 표적과 이적으로 속이려 들 때 '아! 하나님이 여기 계시는구나!' 하면서 속고 있다. 결국 이런 사람들은 표적을 구하기에 지옥으로 가고 있는 것이다.

예수 그리스도의 복음을 순수하게 받아들이는 자들만이 구원을 받는 것인데, 그들은 이 순수한 복음이 너무 쉽기 때문에 이것을 받아들이지 않고 마지막 때의 이상한 "표적"에 속아서 하나님을 믿는다고 하면서도 마귀의 영을 좇아가고 있다.

유대인의 역사가 표적과 관련되어 있음을 보여 주는 성경 구절을 살펴보자.

출 4:1-5,8 『모세가 대답하여 말씀드리기를 "그러나 보소서, 그들이 나를 믿지도 아니하고 내 음성에 경청하지도 아니하리니, 그들이 말하기를 '주께서 네게 나타나지 아니하셨다.' 하리이다." 하자, 주께서 그에게 말씀하시기를 "네 손에 있는 것이 무엇이냐?" 하시니 그가 말씀드리기를 "막대기니이다." 하더라. 주께서 말씀하시기를 "그것을 땅에 던지라." 하시기에 그가 그것을 땅에 던졌더니 그것이 뱀이 된지라, 모세가 그것 앞에서 피하더라. 주께서 모세에게 말씀하시기를 "손을 내밀어 그 꼬리를 잡으라." 하시기에 그가 손을 내밀어 그것을 잡으니, 그것이 그의 손에서 막대기가 되더라. "이것으로 그들이 그들의 조상들의 주 하나님, 곧 아브라함의 하나님, 이삭의 하나님, 야곱의 하나님이 너에게 나타난 것을 믿으리라." 하시니라. … "만일 그들이 너를 믿지 아니하고 처음 표적의 소리에 경청하지 아니하면, 그들이 나중 표적의 소리를 믿으리라.』

하나님께서는 아브라함으로 하여금 민족을 이루게 하기 위해서 그를 본향에서 분리시켜 가족을 데리고 나오게 하셨다. 후에 아브라함의 후손인 야곱이 이집트에 들어갔으며 그로부터 수많은 자손이 생겨 이스라엘 민족이 형성되었다. 그 민족을 첫 번째로 이끄는 자가 위 구절에 나오는 모세였다.

모세가 민족을 이끌어 하나님께로 돌이키게 하기 위해 사용한 것이 바로 '표적'이었다. 하나님께서는 표적으로 이스라엘을 인도하게 하셨다. 당시 이스라엘 백성은 약 400년 동안 이집트에 있으면서 하나님에 대해 무지했다. 이런 이스라엘은 하나님께서 자신들에게 보낸 자가 누구인지를 몰랐을 것이다. 그렇기 때문에 하나님께서 이스라엘 민족을 위해 '표적'을 주셨고, 이 표적은 그 표적을 행하는 자가 뜻하고자 하는 것을 증명하는 것이었다.

이것이 표적에 대해 이스라엘의 역사가 가르쳐 주는 진실이다. 1절을 보면 모세 자신도 이스라엘 백성이 자신을 받아들일지 확신하지 못했다. 모세는 하나님께서 자신을 보내셨다는 증거를 주셔서 백성들로 하여금 자신을 믿게 해 달라고 간구했다. 그래서 주님께서는 막대기를 던져 뱀이 되게 하는 표적을 보여 주신다

(2,3절).

이런 표적이 있었던 이유는 하나님께서 모세를 통해 하나님께서 역사하심을 믿게 하기 위한 것이었다(5절). 하나님께서 표적을 사용하심으로써 이스라엘이 하나님께 돌아오는 동기가 되고, 이 표적으로써 이스라엘은 하나님께 경배하게 된다.

출 4:30,31 『아론이 주께서 모세에게 말씀하셨던 모든 말씀을 전하고 백성들의 목전에서 표적들을 행하니 백성들이 믿고 또 주께서 이스라엘 자손들을 찾아오셔서 그들의 고통을 살피셨다 함을 듣고 그들이 머리를 숙여 경배하더라.』

위 구절에서 보듯 이스라엘 민족은 표적으로부터 시작된 민족이다. 그렇기 때문에 모세가 예수 그리스도에 대해 '자신과 같은 선지자' 가 나온다고 말한다.

신 18:15 『주 너의 하나님께서 네 가운데로부터 네 형제들 가운데서 나와 같은 한 선지자를 네게 일으키시리니 너희는 그에게 경청할지니라.』

위 구절은 예수 그리스도께서 모세와 같이 이 민족을 구속해 주시는 구속자로서 모세처럼 표적과 이적으로 이스라엘을 이끄실 것을 말씀한다. 이스라엘이 예수 그리스도를 거절하고 십자가에 못 박았지만 주님은 그들에게 한 번 더 기회를 주고자 하셨다.

부활하신 주님께서는 마가복음 16장에서 승천하시기 전 사도들에게 '사도의 표적' 을 주심으로써 표적의 은사로써 이스라엘을 부르시게 된다.

막 16:14-20 『그후 열한 명이 앉아 식사할 때에, 주께서 그들에게 나타나시어 그들의 믿음 없음과 마음이 완악한 것을 꾸짖으시니 이는 그들이 주께서 살아나신 후 주를 본 자들의 말을 믿지 아니하였기 때문이라. 또 주께서 그들에게 말씀하시기를 "너희는 온 세상에 가서 모든 피조물에게 복음을 전파하라. 믿고 침례를 받는 자는 구원을 받을 것이나 믿지 않는 자는 정죄함을 받으리라. 믿는 자들에게는 이러한 표적들이 따르리니, 즉 내 이름으로 그들이 마귀들을 쫓아내고 또 새 방언들로 말하리라. 그들은 뱀들을 집을 것이요, 어떤 독을 마실지라도 결코 해를 입지 않을 것이며, 병자에게 안수하면 그들이 회복되리라." 고 하시더라. 그리하여 주께서 그들에게 말씀하신 후, 하늘로 들림을 받아 하나님의 오른편에 앉으셨더라. 그후 제자들이 나가서 곳곳마다 전파하니, 주께서 그들과 함께 역사하시고, 또 따르는 표적들로 말씀을 확고하게 하시더라. 아멘.』

20절에서 표적은 말씀을 확고하게 하기 위해서 이스라엘 민족에게 사용된 것이었으며, 이는 과거 시제로 이미 일어난 일이다. 그런데 지금의 은사주의자들은 위 구절 중에서 17절만 따로 떼어 즐겨 인용하며 자신들에게 "신유의 은사" 가 있다 하고 "방언"

을 받았다고 한다. 그들은 고의적으로 18절은 지나치는데("그들은 뱀들을 집을 것이요, 어떤 독을 마실지라도 결코 해를 입지 않을 것이며") 이는 이들이 한다고 주장하는 '방언과 신유의 은사' 등이 거짓에 불과함을 알 수 있게 해 준다.

행 2:3-12 『거기에 불 같은 모양으로 갈라진 혀들이 나타나 그들 각 사람 위에 머물더니 그들 모두가 성령으로 충만하여 성령께서 그들에게 발설하게 하신 대로 다른 방언들로 말하기 시작하더라. 당시 예루살렘에는 신앙심이 깊은 유대인들이 천하 각국으로부터 와서 머물고 있었는데 그때 이 소문이 퍼지자 무리가 함께 모여 혼란이 생겼으니 이는 각 사람이 자기 나라 말로 그들이 말하는 것을 들었기 때문이라.』

예수님께서 사도들에게 "사도의 권능"을 주시고 승천하신 후 위로자 성령님을 보내신다고 하셨는데, 사도행전 2장에서 오순절에 성령께서 임하신다. 이 때의 성령님의 오심에 동반된 현상이 표적의 은사 즉 "새 방언" (막 16:17)이다. 여기서의 방언은 "랄랄라 셰셰셰" 하는 뱀 같은 소리가 아닌 각국의 언어였다. 오순절에 유대인들이 모여 있을 때 하나님의 임재와 성령의 능력을 보여 주시기 위해서 표적인 방언을 주신 것이다.

이처럼 유대인이 하나님께 돌아오는 도구로서 하나님께서 쓰신 것이 방언이었다. 사도행전 2장에서와 같이 성경에 방언이 나오는 구절은 모두 유대인들에게 준 표적임을 알 수 있다.

표적의 은사가 끝남

사도행전 끝에 유대인들이 끝까지 복음을 거절하자 복음이 이방인에게 넘어오면서(행 28:28) 표적의 은사가 끝이 난다. 앞에서 설명했듯이 사도의 표적은 이스라엘 민족이 복음을 거절함으로써 더 이상 표적의 은사가 필요 없어지게 되자 끝이 나게 된다. 이를 알 수 있는 성경 구절들을 살펴보자.

딤전 5:23 『이제부터는 물만 마시지 말고 네 위장과 자주 앓는 질병을 위하여 포도주를 조금씩 쓰라.』

사도 바울은 손수건이 병자에게 닿기만 해도(행 19장) 치료가 되었고, 베드로는 그림자만 지나가도 병이 낫는 표적과 이적을 행했다. 그런 바울이 디모데의 병을 못 고쳐 포도주를 약으로 쓰라고 하는 데서 우리는 표적의 은사가 끝났음을 알 수 있다.

딤후 4:20 『에라스토는 고린도에 머물러 있고, 트로피모는 몸이 아파서 밀레토에 남겨 두었느니라.』

사도의 권능이 있었던 바울이 제자의 병을 치유하지 못하고 병든 제자 트로피모를 남겨두고 사역지로 떠난 이러한 말씀으로 사도의 표적의 은사가 끊어졌음을 확인할 수 있다. 이 시대에 등장한 표적들은 마지막 때의 표적으로 적그리스도가 나오기 전에 등장하는, 하나님을 모방하는 마귀의 역사인 것이다.

살후 2:9–12 『그 악한 자가 오는 것은 사탄의 역사에 따라 모든 능력과 표적들과 거짓 이적들과, 멸망하는 자들 안에 있는 모든 불의의 속임수로 오는 것이니, 이는 그들이 진리의 사랑을 받아들이지 아니하여 구원을 받지 못하였기 때문이라. 이로 인하여 하나님께서 그들에게 강력한 미혹을 보내시어 거짓말을 믿게 하심은 진리를 믿지 않고 불의를 좋아하는 모든 자로 심판을 받게 하려 하심이라.』

사람들이 거짓 표적에 속는 이유는 그들이 진리를 믿지 않고 불의를 좋아하며 진리의 말씀을 받아들이지 않기에 하나님께서 거짓을 믿게 하시기 때문이다. 하나님께서는 이런 자들에게 강력한 미혹의 영을 보내신다. 하나님께서 우리에게 주기를 원하시는 것은 일반적인 은사(가르침, 구제함, 섬김, 자비를 베품 등)이다. 은혜 시대에 사는 우리들은 이런 은사를 갈망하면서 사람들을 가르치고 말씀을 전하는 자들이 되어야 한다.

사탄이 고린도후서 11:14에서 "빛의 천사"로 가장하듯 지금 이 시대에도 사탄의 종들이 "의의 종"으로 가장해서 표적의 은사, 거짓 은사로 사람들을 미혹하고 있다. 많은 목사들이 강단에서 복음을 말하지만, 그들은 표적의 은사를 자랑하고 종국에는 사람들을 지옥으로 보내고 있는 지금의 현실이다.

14
그리스도의 심판석

대부분의 교인들은 성경이 변개되었기 때문에 "그리스도의 심판석"에 대해 알지 못한다. 그리스도의 심판석은 구원받은 그리스도인들이 구원 후에 이 땅에서 행한 모든 것들을 심판받는 자리이다. 성경은 모든 사람이 심판을 받는다고 말씀하신다.

히 9:27 『한 번 죽는 것은 사람들에게 정해진 것이고 그 뒤에 심판이 정해진 것같이』

죽음 뒤의 심판은 구원받은 사람이나 구원받지 않은 사람이나, 그 누구도 피할 수 없는 것이다. 어느 시대에 살았든지 관계가 없다. 단지 구원받은 자와 구원받지 않은 사람이 서게 될 심판의 자리가 다를 뿐이다. 성경은 구원받은 자들이 구원받은 후 이 세상을 살면서 한 일에 대해 하나님 앞에서 심판을 받는다고 말씀하신다.

구원받은 자의 심판

인간은 구원을 받았든지 받지 않았든지 간에 모두 심판을 받는다. 모든 사람들에게 심판이 정해져 있다.

히 9:27 『한 번 죽는 것은 사람들에게 정해진 것이고 그 뒤에 심판이 정해진 것같이』

우리 구원받은 자들은 예수 그리스도께서 십자가에서 율법의 저주를 해결해 주셨기 때문에 무서운 "백보좌 심판"에 서서 책에 기록된 모든 것대로 심판받지 않는다. 그러나 우리 구원받은 자들에게는 "그리스도의 심판석"이 있다. 이 심판석은 구원받고 난 후 그 사람이 어떻게 살았는지에 대하여 주님께서 공정하게 심판하시는 자리이다. 성경의 두 군데에서 그리스도의 심판석이 언급되는데, 첫 번째가 구원받고 난 후에 선이든 악이든 행한 것에 따라 심판받는다는 말씀이다.

고후 5:10 『이는 우리 모두가 반드시 그리스도의 심판석 앞에 나아가서 선이든지 악이든지 각자 자기가 행한 것에 따라, 자기 몸으로 행한 것들을 받을 것이기 때문이라.』

구원만 받으면 다 된 것으로 여기고 이 세상에서 어떻게 살든지 하늘나라만 가면 된다고 생각하는 사람들이 있지만, 그런 생각을 갖고 사는 사람들은 성경을 모르기에 큰 착각을 하고 있는 것이다. 구원을 받았으면 지옥 불에 떨어지는 무서운 형벌로부터는 면죄가 되었지만, 언젠가는 불꽃 같은 눈동자로 여러분 앞 심판석에 앉아 심판하시는 위대하시고 거룩하신 그리스도 앞에서 우리의 행한 모든 것을 우리의 입으로 자백해야 한다.

많은 사람들이 이러한 그리스도의 심판석에 대해 생각을 하지 않고 있다. 그러나 우리는 구원받고 난 후 이 그리스도의 심판석을 바라보며 살아야 한다. 고린도후서 5:10의 말씀과 같이 우리가 주님 앞에서 행한 모든 것들을 자백하고 그에 따른 심판을 받게 될 것이기 때문이다. 우리의 모든 행동, 말, 생각, 마음가짐 등 모든 것들을 판단받을 그리스도의 심판석을 생각하면, 우리는 사도 바울과 같이 두려운 마음으로(고후 5:11) 주님을 섬기게 된다.

롬 14:10,11 『그런데 너는 어찌하여 네 형제를 판단하느냐? 어찌하여 네 형제를 업신여기느냐? 우리가 모두 그리스도의 심판석 앞에 서리라. 이는 기록된 바 "주가 말하노라. 내가 살아 있으니 모든 무릎이 내게 꿇을 것이요, 모든 혀가 하나님께 자백하리라." 고 하였음이라.』

위의 말씀으로 그리스도의 심판석에서 심판받는 대상은 그리스도인이라는 것을 알 수 있다. "네 형제" 라고 하며 "우리 모두가" 라고 하기 때문이다. 11절에 그리스도의 심판석에 앉아 계신 분이 "주" 즉 하나님이시라고 기록되어 있는데, 10절에서 그 심판석에 계신 분이 그리스도이심에 비추어 보면 예수 그리스도께서 하나님이심을 알 수 있다.

여기서 변개된 성경들은 10절의 그리스도를 하나님으로 바꾸어 ("하나님의 심판석" 으로) 그리스도가 하나님이심을 증거하는 명백한 구절을 감추었고, 이로 인해 많은 사람들이 10절의 그리스도의 심판석과 요한계시록 20장의 하나님의 백보좌 심판을 구별하지 못하게 되었다. 따라서 모든 사람에게 한 가지 심판만 있는 것으로 알게 된 것이다. 이러한 결과로 많은 사람들은 그리스도의 심판석이 있는지조차 모르게 되었다. 그리스도의 심판석은 구원받은 자가 가야 하는데, 그러면 언제 어디에서 이 심판이 있게 될지를 살펴보겠다.

그리스도의 심판석의 때

눅 14:14 『그러면 네가 복을 받으리니, 이는 그들에게는 네게 갚아줄 것이 없으므로 의인들의 부활 때에 네게 갚게 될 것임이라." 고 하시니라.』

구원받은 자가 그리스도의 심판석 앞에 서는 것은 "의인들의 부활 때" 이다. 이 의인들의 부활 때를 말씀하는 것이 휴거에 대해 기록하고 있는 데살로니가전서 4장이다.

살전 4:13-18 『형제들아, 잠든 자들에 관해서는 너희가 모르게 되는 것을 원치 아니하노니 이는 너희가 소망이 없는 다른 사람들과 같이 슬퍼하지 않게 하려는 것이라. 예수께서 죽었다가 다시 살아나신 것을 우리가 믿는다면 그와 같이 하나님께서는 예수 안에서 잠든 자들도 그와 함께 데리고 오시리라. 우리가 주의 말씀으로 너희에게 이것을 말하노니 주께서 오실 때까지 살아남아 있는 우리가 잠들어 있는 자들보다 결단코 앞서지 못하리라. 주께서 호령과 천사장의 음성과 하나님의 나팔 소리와 함께 하늘로부터 친히 내려오시리니 그러면 그리스도 안에서 죽은 자들이 먼저 일어나고 그리고 나서 살아남아 있는 우리도 공중에서 주와 만나기 위하여 그들과 함께 구름 속으로 끌려 올라가리니, 그리하여 우리가 영원히 주와 함께 있으리라. 그러므로 이러한 말로 서로 위로하라.』

휴거라는 단어는 성경에 나오지 않지만, 17절에 "끌려 올라간다" 라는 말의 라틴어인 'rapture' 는 독수리가 채가는 의미를 갖고 있다. 사전에서 이 말의 의미를 찾으면 "사람을 다른 곳, 특히 천국으로 보내는 것" 으로 나온다. 또 15절에는 부활의 순서가 나오는데, 휴거가 될 때에는 "살아 있는 자" 보다 "죽은 자들이" 먼저이다. 16절에선 "죽은 자들이 먼저 일어나고" 라는 데서 썩었던 몸이 부활된 몸으로 바뀌어 휴거됨을 알 수 있다.

주님께서 공중에 재림하실 때 구원받은 자의 휴거가 있고, 그리스도의 심판석은 "의인들의 부활의 때" (부활된 몸을 입고 휴거되는 때) 곧 휴거 후에 있게 될 일이다. 그리고 그리스도의 심판석이 끝난 뒤에 구원받은 자들은 (깨끗해진 후) 어린양의 신부로서 혼인식에 참여하게 되는 것이다.

즉, 구원받은 자들이 휴거되면 이 세상에서는 7년 대환란이 있게 되고, 하늘에서는 그리스도의 심판석이 있으며 그 다음에 어린양의 혼인식이 있는데, 이 어린양의 혼인식에 대한 관련구절이 요한계시록 19:7이다. 구원받은 자들이 그리스도의 심판석에서 모두 심판받고 나서 신부로서 주님과 혼인한다.

계 19:7 『기뻐하고 즐거워하며 그분께 존귀를 돌리세. 이는 어린양의 혼인식이 다가왔고 그의 아내도 자신을 예비하였음이라.』

구원받은 자들이 심판을 받고 난 뒤에는 주님께서 지상에 재림하실 때 흰 말을 타고 주님과 함께 땅에 내려와서 아마겟돈 전쟁을 치른다. 그 뒤 주님께서는 다윗의 보좌에 앉으셔서 모든 민족들을 양과 염소로(마 25:32,33) 나누실 것이다.

주님께서 심판하시는 방법

고린도전서 3장은 주님께서 우리의 한 일들을 불로써 시험하신다고 말씀한다. 그때 주님을 위해서 우리가 일한 모든 것들이 "금이나 은이나 보석" 또는 "나무나 짚이나 그루터기" 로 나타나게 될 것이다.

고전 3:11-15 『이 닦아 놓은 기초 외에 아무도 다른 기초를 놓을 수 없나니 이 기초는 예수 그리스도시라. 이제 누구든지 이 기초 위에 금이나 은이나 보석이나 나무나 짚이나 그루터기로 지으면 각 사람의 일한 것이 나타나게 되리니 그 날이 그것을 밝힐 것이라. 이는 그것이 불로써 드러나고 또 그 불은 각 사람의 일한 것이 어떤 종류인지를 시험할 것이기 때문이라. 만일 어떤 사람의 일한 것이 세운 그대로 있으면 그는 상을 받을 것이요, 만일 어떤 사람의 일한 것이 불타 버리면 그는 손해를 당하리라. 그러나 그 자신은 구원을 받게 되지만 불에 의해서인 것처럼 그렇게 되리라.』

많은 사람들이 '자기 방식으로' 주님을 위하여 일한다고 하지만, 그 일이 주님께서 보시기에 어떤 종류의 일로 남는지가 중요하다. 주님께서 그 일을 불로 태우시면 금, 은, 보석으로 남거나 나무 또는 짚으로 타서 없어지게 된다.

여기서 우리가 또 알 수 있는 것은, 주님의 사역을 할 때 '양' 이 아니라 '질' 이 중요하다는 것이다. 즉 큰 교회, 큰 건물이 중요한 것이 아니라 주님께서 부르신 목적을 완성하는 것이 중요하다는 말이다.

한 예로, 빌리 그래함은 많은 사람을 구원으로 인도했지만 사역 끝에 가서는 결국 그가 자신의 명예와 돈을 위해 일했다는 사실이 드러났다. (타 종교에도 구원이 있다는 등의 말을 함) 그는 많은 사람에게 복음을 전했지만 그보다 훨씬 더 많은 사람을 실족하게 했기 때문에 결국 그가 한 일은 모든 것은 불에 타 버릴 것이다. 이처럼 진실로 주님을 사랑하고 진리를 사랑하는 동기로 사역을 하지 않고 자신의 사욕으로 하게 되면 마귀에게 이용당하여 그의 수고는 지푸라기로 남게 된다.

그리스도인이 하는 일에 자신의 사욕이 한번 들어가면 영적 분별력을 잃고, 영적 분별력을 잃어버리면 자신이 하는 일이 마귀의 도구로 사용되는데도 하나님의 사역을 한다고 착각하게 된다. 이러한 일들은 그리스도의 심판석에서 불로 시험하실 때에 다 드러나게 되는 것이다.

14절의 "그대로 있으면 그는 상을 받을 것이며" 라는 말씀에서 우리가 상을 받음을 알 수 있는데, 구원받은 후의 일들을 불로 시험했을 때 타지 않고 금, 은, 보석으로 그대로 남아 있으면 그 사람은 상을 받는다.

반대로 15절은 "손해를" 당함을 말씀하시는데, 앞의 예와 같이 빌리 그래함 같은 사람이나, "나는 구원을 받았으니 이제 아무렇게나 살아도 된다" 며 행동하는 사람들이 이에 속한 사람들이다. 그런 사람들은 여행을 갔다가 집에 돌아왔을 때 집이 모두 불타 버리고 모든 것을 잃어버린 것보다 몇백 배의 허망함과 수치를 당할 것이다.

성경은 우리의 일이 불에 타 버리는 것뿐 아니라 수치를 당하는 것을 말씀하신다.

계 16:15 『보라, 내가 도둑같이 오리니 깨어 있어 자기 옷을 지켜서 벗은 채로 다니지 아니하고, 사람들에게 자기 수치를 보이지 않는 자는 복이 있도다.』

이 말씀에서 옷을 지킨 자와 벗은 자, 그리고 수치를 당하지 않는 자는 복이 있다고 하신다. 이 옷이 흰 세마포인데 요한계시록 19:8은 이 세마포가 "성도들의 의"라고 말씀한다. 이 말씀에서 구원받은 후의 행위가 옷과 연관이 되어 있으며, 그 옷을 지키는 사람은 부끄러움을 당하지 않고 그 옷이 없는 사람은 나체의 모습으로 나타나 수치를 당하는 것을 알게 된다. 구원받은 자가 당할 수치에 대한 말씀이 요한일서 2:28에도 나온다.

요일 2:28 『어린 자녀들아, 이제 그분 안에 거하라. 이는 그가 나타나실 때 우리가 담대함을 가지며, 그가 오실 때 그의 앞에서 수치를 당하지 않게 하려 함이라.』

이것은 세상의 어떤 수치가 아니라 우주의 모든 피조물들 앞에서 당하는 수치이며 창조주 하나님으로부터 받는 수치이다. 구원받은 자들은 그리스도의 심판석에서 상과 칭찬을 받거나 수치 또는 벌을 받는다. 어떤 벌을 받을지는 성경에 구체적으로 나오지 않지만 분명히 수치를 당함은 알아야 한다. 이와 같이 구원받은 자들은 구원받은 후의 행위를 자신의 입으로 자백하여 칭찬 또는 수치를 당하게 되는 것이다. 또한 성경에는 행위뿐만 아니라 우리의 말에 대해서도 해명해야 한다고 하신다.

수치를 당하지 않는 방법

칭찬과 수치, 이 모든 것이 우리의 마음에서 시작되는 것을 알 수 있다. 마 15:17-20은 모든 것이 마음에서 시작되어 입으로, 행동으로 이어지게 됨을 말씀한다.

마 15:17-20 『입으로 들어가는 모든 것은 배를 통해 뒤로 나가는 줄 아직 알지 못하느냐? 그러나 입에서 나오는 것들은 마음으로부터 나오나니, 이것들이 사람을 더럽히느니라. 마음에서는 악한 생각과 살인과 간음과 음행과 도둑질과 거짓 증언과 모독이 나오느니라. 이런 것들이 사람을 더럽히는 것이며 씻지 않은 손으로 음식을 먹는 것은 사람을 더럽히지 아니하느니라." 고 하시더라.』

구원받은 자는 마음을 지켜야 한다. 마음이 순수할 때 입에서 나오는 말과 행동이 순수하게 되는 것이다. 아무리 외향적으로 거룩하고 선한 척하며 말을 그럴 듯하게 한다 해도 마음이 더러운 사람은 언젠가는 그 더러움이 나타난다. 우리가 누구를 사랑한다고 할 때 마음으로 사랑하지 않는 사랑은 언젠가는 가짜임이 드러나는 것과 같다.

따라서 우리는 매일 매 순간 우리 자신의 마음을 점검해야 하고, 자신이 어떤 사람을 대할 때 마음이 순수한지를 점검해야 한다. 또한 하나님의 사역을 할 때 순수한 마음에서 하는지 아니면 자신의 이익을 위해서 하는지를 살펴야 한다. 우리는 하나님의 사역을 할 때 자신의 동기를 점검해야 한다. 이 동기에 의해 나중에 그것이 금, 은, 보석으로 남거나 짚, 나무, 그루터기로 불타 버리기 때문이다.

롬 2:16 『이런 일은 하나님께서 나의 복음대로 예수 그리스도를 통하여 사람들의 은밀한 것들을 심판하실 그 날에 있으리라.』

위의 말씀은 주님께서 사람들의 은밀한 것도 심판하신다고 한다. 근본적으로 모든 것들이 올바른 마음의 동기에서 시작되어야 한다. 주님이 나를 위하여 그 몸을 주셨기에 주님을 사랑하는 동기에서 모든 일들을 해야 하고, 그럴 때 그리스도의 심판석에서 수치가 아닌 칭찬을 받을 수 있다.

주님께서 주시는 다섯 가지 면류관

첫째, 의의 면류관은 예수 그리스도의 다시 오심을 사모하는 자가 받는 것이다.

딤후 4:7,8 『내가 선한 싸움을 싸우고 달려갈 길을 마치고 믿음을 지켰으니 이후로는 나를 위하여 의의 면류관이 마련되어 있어 의로운 재판관이신 주께서 그 날에 그것을 내게 주실 것이며 또 나뿐만 아니라 그의 나타나심을 사모하는 모든 사람에게도 주실 것이라.』

사도 바울은 이를 경주에 비유했는데, 이 땅에서 주님을 위해 살면서 그리스도의 재림을 사모하지 않는 자는 이 면류관을 받지 못한다. 의의 면류관은 바이블 빌리버라면 반드시 기본적으로 받아야 할 면류관이다.

둘째, 썩지 않을 면류관은 모든 일에 자제하는 사람이 받는 면류관이다.

고전 9:24-27 『경기장에서 달리는 사람들이 모두 달릴지라도 한 사람만이 상을 받는 것을 너희가 알지 못하느냐? 그러므로 너희도 상을 얻게 되도록 달리라. 이기려고 애쓰는 사람은 누구나 모든 일에 자제하나니 이제 그들은 썩어질 면류관을 받으려 하지만 우리는 썩지 않을 면류관을 받고자 함이라. 그러므로 내가 그처럼 달리되 불확실하게 하지 아니하며 또 내가 그처럼 싸우되 허공을 치는 자같이 아니하노라. 내가 내 몸을 억제하여 복종하게 함은 다른 사람들에게 전파한 후에 어떻게 해서든지 내 자신이 버림을 받지 않게 하려는 것이라.』

썩지 않을 면류관을 받으려면 모든 일에 자제해야 한다고 성경은 말씀한다. 이 세상의 권세에 얽매이지 않고 술, 담배 등을 포함해 온갖 육신의 정욕, 세상의 제도에 지배당하지 않고 스스로를 자제하며 통제해야 받을 수 있다.

셋째, 자랑의 면류관은 구령자가 받는 면류관이다.

살전 2:19 『우리의 소망이나, 기쁨이나, 자랑의 면류관이 무엇이냐? 그가 오실 때 우리 주 예수 그리스도 앞에 있을 너희가 아니겠느냐?』

성경은 우리가 구령한 사람을 보석이라 한다. 면류관에 보석이 있으면 더욱 영광이 클 것이다. 이 면류관은 구령자가 받는 면류관이다. 주님께서는 공정하시다. 열심히 주님을 위해서 일한 사람과 그 반대인 사람(매일 성경을 읽고, 구령하고, 사역에 참여한 사람과 아무것도 안 한 사람)이 똑같은 대우를 받는다면 얼마나 억울한 일인가? 구원받는 자는 면류관을 받아야 한다. 단, 그 동기가 상 자체가 아니라 주님을 사랑하는 마음이어야 한다.

넷째, 영광의 면류관은 목자의 면류관이다.

벧전 5:3,4 『하나님께서 맡겨 주신 자들을 지배하려 하지 말고 오직 양무리의 본이 되라. 그리하면 목자장이 나타나실 때 너희가 시들지 않는 영광의 면류관을 받으리라.』

이 면류관은 목자가 받는 면류관이다. 참고로 그리스도의 심판석에서 금과 은과 보석이 있는데, 구령한 자들은 보석이고 금은 왕이신 주님에 대하여 얘기하고 전파한 사람이 받는 것이며, 은은 구령에 애쓰고 복음을 전파한 사람이 받는 것이다.

다섯째, 생명의 면류관은 순교당한 사람들이 받는 것이다.

계 2:10 『너는 고난받게 될 일들을 전혀 두려워하지 말라. 보라, 마귀가 너희 중 몇 사람을 감옥에 던져서 시련을 당하게 하리니 그러면 너희가 열흘 동안 환란을 받으리라. 죽기까지 신실하라. 그러면 내가 네게 생명의 면류관을 주리라.』

생명의 면류관은 순교자의 면류관으로 사도 바울과 사도들, 순교당한 사람들이 받는 것이다. 뿐만 아니라 야고보서 1:12을 보면 주님을 위한 시련이 왔을 때 견디어 이긴 자들도 이 면류관을 받는 것을 알 수 있다. 이는 자기 몸은 죽은 것으로 여기고 시련을 믿음으로 이긴 자들도 생명의 면류관을 받는다는 말씀이다.

하나님의 구원계획

성경은 인류의 조상은 하나님의 형상을 따라 창조된 아담이라고 말씀하고 있습니다. 아담이 죄를 지음으로써 죄가 이 세상에 들어왔습니다. "이런 연유로 한 사람에 의하여 죄가 세상으로 들어오고 그 죄에 의하여 사망이 왔으니, 그리하여 모든 사람이 죄를 지었으므로 사망이 모든 사람에게 전달되었느니라" (롬 5:12).

이 사망은 우리의 육체가 죽어 땅에 묻혀 흙으로 돌아가는 것뿐만 아니라, 죽은 사람의 몸을 떠난 혼이 영원한 지옥에 있게 되는 것을 말하는 것입니다. "보라, 모든 혼들은 내 것이라. 아비의 혼이 그렇듯이 자식의 혼도 내 것이라. 범죄하는 혼은 죽으리라" (겔 18:4). 혼은 물질이 아니기 때문에 지옥 불에서 금방 타 없어지지 않고 영원히 고통받습니다. 당신이 만일 구원받지 못했다면 이것은 매우 심각한 문제입니다. 만일 지금 불행한 일로 죽는다면 무섭도록 뜨거운 지옥 불로 떨어지기 때문입니다. 이것은 거짓말하실 수 없는 하나님께서 하신 말씀입니다.

그러나 하나님께서는 당신을 사랑하시기 때문에 지금 이 시간에 당신을 지옥으로부터 구원해 주시기를 원하십니다. “하나님께서는 모든 사람이 구원을 받고 진리의 지식에 이르기를 원하시느니라” (딤전 2:4). 하나님께서는 어린 아이들까지도 다 이해하고 구원받을 수 있도록 쉽게 구원받을 수 있는 방법을 마련하셨습니다.

먼저 자신이 죄인임을 깨달아야 합니다. 성경은 말씀하십니다. “모든 사람이 죄를 지었으므로 하나님의 영광에 이르지 못하다가” (롬 3:23) “죄의 삯은 사망이요” (롬 6:23) “그러나 두려워하는 자들과 믿지 아니하는 자들과 가증스런 자들과 살인자들과 음행하는 자들과 마술하는 자들과 우상숭배하는 자들과 모든 거짓말하는 자들은 불과 유황이 타는 못에 참여하리니 이것이 둘째 사망이라” (계 21:8).

이 구절들은 우리가 죄인이기 때문에 죽는 것이고 죽음 뒤에 지옥에 간다는 사실을 경고하고 있습니다. 그러나 하나님께서는 당신을 너무나 사랑하셨기 때문에 독생자이신 예수님을 보내 주셔서 당신의 죄값을 치르기 위해 대신 죽게 하셨습니다. 이것이 하나님께서 인류의 죄를 용서하고 구원하기 위해 마련하신 방법입니다. “우리가 아직 죄인이었을 때 그리스도께서 우리를 위하여 죽으심으로써 하나님께서는 우리를 향한 그의 사랑을 나타내셨느니라” (롬 5:8). 당신이 아무리 좋은 일을 많이 한다고 해도, 열심히 교회에 나간다 해도, 침례를 받는다고 해도 예수님을 통해서 죄 사함을 받지 못하면 구원을 받을 수 없습니다.

그 이유는 "피흘림이 없이는 죄 사함이 없느니라." (히 9:22) "그 안에서 우리가 그의 보혈을 통하여 구속, 곧 죄들의 용서함을 받았느니라." (골 1:14)고 성경이 말씀하기 때문입니다. 하나님께서는 "…이제는 어디에 살고 있는 어떤 사람에게도 회개하라고 명령하고 계시니라" (행 17:30). 이 말은 거룩하신 하나님 앞에서 자신이 죄인인 것을 인정하고 죄에서 돌이켜 주님께 돌아오는 것을 말합니다.

하나님께서는 죄인인 것을 인정하고 회개하며 그분께 나아가는 자는 로마서 10장 말씀에 의하여 구원받을 수 있도록 자비를 베풀어 주셨습니다. "네가 네 입으로 주 예수를 시인하고 또 하나님께서 그를 죽은 자들로부터 살리신 것을 네 마음에 믿으면 구원을 받으리라. 이는 사람이 마음으로 믿어 의에 이르고 입으로 고백하여 구원에 이르기 때문이라" (롬 10:9,10).

이 말씀은 첫째, 예수님께서 육신으로 오신 창조주 하나님이신 것을 믿고 입으로 시인하라는 것이며, 이것은 디모데전서 3장 16절에 잘 나타나 있습니다. "경건의 신비는 논쟁의 여지없이 위대하도다. 하나님께서는 육신으로 나타나셨고 성령으로 의롭게 되셨으며, 천사들에게 보이셨고 이방인들에게 전파되셨으며, 세상에서 믿은 바 되셨고 영광 가운데로 들려 올라가셨음이라."

둘째, 주님께서 우리의 죄를 위하여 십자가에서 피흘려 죽으시고 장사되셨다가 부활하신 사실을 마음으로 믿으면 구원을 받는다고 하나님께서는 말씀하셨습니다. 불가능한 것이 없으신 하나님께는 부활도 엄연한 사실입니다. 당신이 이 정확무오한 하나님의 말씀을 믿고 지금 구원받기를 원하면 다음과 같이 기도하여 예수님을 구주로 받아들이십시오.

"위대하신 하나님 아버지, 저는 지옥에 갈 수밖에 없는 죄인입니다. 죄를 회개하오니 용서하여 주십시오. 저는 예수님께서 하나님이시며, 저의 모든 죄를 위하여 십자가에서 피 흘려 죽으시고 장사되셨다가 다시 부활하신 사실을 믿습니다. 저는 주 예수 그리스도를 저의 구주로 영접하오니, 지금 제 안에 들어오셔서 저를 구원하여 주십시오. 저를 지옥으로부터 구원해 주셔서 감사드리며, 주 예수 그리스도 이름으로 기도드립니다. 아멘."

축하드립니다! 영적 성장에 필요한 자료들을 원하시는 분은 연락 주시면 최대한 도와드리겠습니다.

김경환 목사 저서 목록

<하나님의 사랑>

<올바른 성경 공부법>

<적그리스도의 표 666 때문에 걱정하십니까?>

향후 출간 계획 저서

<교회 개혁을 위하여 바른 성경으로 돌아가자>

<교회 개혁을 위하여 바른 믿음으로 돌아가자>

<구원에 관한 문제의 구절들>

<성경을 나누면 보이는 진리들>

<구원 이후의 삶>

<그리스도인의 성품>

<하나님의 경륜> (가제)

<한국 목사들이 모르는 진리> (가제)

<야고보서 주석> (가제)

무료 책자 링크

올바른 성경공부법

기초성경공부 1
Basic Bible Doctrine

2024년 1월 30일 1판 1쇄 발행

지은이 김경환

펴낸곳 BBCI (Bible Believing Christian, Inc.)
주소 8504 Firestone Blvd. #148 Downey, CA 90241
이메일 LDM@realbible1611.com

ISBN 978-1-956936-02-5 (51400)

가격 14,000원